美麗的苦痛

鍾文音

Nina札記生活 壹

當文字不足以承載思緒的巨大幽微時，

影像總是飄忽在前飄忽在後。

攪拌得我心癢癢，難忘影中人，難忘影像夢。

我對影像的敏感近乎是天生的。

畫畫，是屬孩子式的宣洩，不管好壞，只想亂畫。

文字，是嗜字者的念念在茲，常在胡言。

於是有了這樣的影像圖誌本，綜合了我的三個最愛，

以主題式札記生活。

此爲我的不定期札記書，

是生活愛眷與影像和記憶所廝纏的有機混合體。

此書寫是屬於羅蘭巴特說的一種語言便秘與腹瀉。

是癡迷者的感情阻塞。

而關乎影像篩選，無關刺點，只有痛點、光點。

CONTENTS

【序】私我儀式召喚　　　006

上卷
1.婚禮　　　008
2.生育　　　036
3.成長　　　048
4.文字是我的眠床　　　072
5.悼愛情　　　100
6.生命練習題　　　116
7.肉身的死亡練習題　　　144
8.關於戀人　　　160

下卷
1.懺情者言　　　170
2.人間　　　186
3.死亡之一　　　206
4.死亡之二　　　226
5.死亡之三　　　262
6.生命之輕嘆如微笑　　　292

【後記】
[札記生活]我的胡言絮語　　　324

私我儀式召喚

只有藉助藝術，我們才能走出自我。
……有了藝術，才使我們不只看到一個世界。

——普魯斯特《追憶逝水年華》卷七

唯藉助儀式，我們才擁有表達。有了儀式，才有見自我的
延伸。為了表達人創造儀式。又為了生活的存在價值，遂
主入儀式來給予人事物之位置與重量。儀式生活是非常一
相情願。

比儀式以記憶的愛憎為供品，以思念為祈禱之香。儀式是
一雙生活的眼睛，凝視了我們所在意的角落，於心靈，於
物質。

主生活與生活之間，我們安置了那麼多的儀式。

在儀式之中，我們生活。

我們在愛的祭壇凝望，彼時天使環繞，聖樂鳴奏，一句言
語我願意。笑。

日子流逝，彼時臨終之眼看去，颯戾風起白幡飄，一條毛
巾哀感謝。泣。

從一只鑽戒的永恆到一只紙蓮的飛灰入火叢，床頭枕畔人
總是盼能白首成墳前送終人，無盡的無盡都在日常與非日
常裡頭。

在儀式之中，

送君情淚花懺有語。

吾愛，無礙。

異鄉多舛，冥河湍急，請君上路。多珍重。

你的離去，提醒了我揮手的送別姿態恆在。

揮手的姿態是生命的常態。

你這一轉身，我們已是一輩子了。

上卷 **1**

婚 禮

我願意，之後，尋常夫妻很快地便進入無聲勝有聲的境界。

就是在咖啡館也不說話，彼此看報，或互相逗小孩，或最多為了小孩的話題說說話。

仔細觀察，夫妻彼此對望的時間很少，不對望又各看不同的遠方客體，這就是我願意之後的畫面。

母親說大家攏按呢仔過日子，妳也就這樣過啊，妳覺得無聊，人家可不覺得無聊。

不說話，是「我願意」之後的必要生活儀式，沉默以對，無話可說，各懷鬼胎，此可畏可厭。

　　──我願意，之後

一朵紅花開在指尖

童年參加印象最深的一場婚禮是阿姨的婚禮，我媽媽同父異母的大妹。有很長的一段時間我看到她都會聯想起那個寂靜的晨光，新娘被囚在老厝的房間，等著新郎伯來迎娶。

年輕的姨的白紗手套手指有個部分滲出了紅，像是指尖開了朵紅花。我大聲說，紅花。那時我五歲，跟著人群眷屬擠到待出閣的新娘房。虎子不可進去，虎子不可進去，我聽見有人在拉著一個少男，阻止他進去新娘房，回頭一看是我哥。就在這時，我又大聲說了話，阿姨，妳的手指有一朵小花。老厝木窗外有棵龍眼樹，幾隻蝴蝶正翩翩起舞。

新娘突然掀開面紗哭將了起來，我們一幫小孩遂全開溜了出去。客廳有大人說，是沖到新娘神哩，哪走佇呢緊！

我記憶此姨是她白紗手套指尖上的紅花，而大人記憶她的卻是「那個嫁給外省人的！」

許多年後，我才知道阿姨是因為修整指甲時一個不慎剪過底而滲出血，而她當時的哭也不是因為疼，是因為她是保守的村落第一個嫁給外省人的女人，且媒人婆不小心說出他在遙遠的那一方還有個原配。

外省姨丈是上校，身形極為挺拔，上校，也是一個離村落極為遙遠的軍階。當時來迎娶阿姨時，老厝小土路揚起了巨大的灰塵，軍中小阿兵哥群起來此，把我們一幫子幼童女孩少女看得內心很刺激。

直到如今，村裡老一輩的人見到我姨都不叫伊的名（有時是忘了），而是喚伊「嫁外省仔ㄟ」。雖說外省姨丈早已辭世多年，但他似乎是村裡的一個外來象徵，也是當年婚禮上一個予我非常魔幻畫面的上校。

　　我姨每次都回嘴說：「嫁外省是咧多歹，我可逍遙的勒！」我這個阿姨很時髦，很狂野，行事率真，很早年代她就染髮抽菸穿牛仔褲，大剌剌地在台中擁有開設檳榔西施的帝國事業。

　　有朋友見了姨的年輕結婚照，總會說我和她長得很相像。

外省上校和大阿姨。從今而
後,她背負一個「嫁外省仔」
的印記和十字架。

吐出，我願意

在新郎連番輕快吐出「我願意」後，牧師轉向新娘，起先也是快速吐出「我願意」字詞，但就在接著牧師問新娘妳願意無論新郎如何貧窮、生病和苦難（之類的惡劣狀況）仍願意和他相守嗎？

這句話從台上拋下時，新娘突然為這句話陷入一種深思與恐怖的視覺感，她恍然看見眼前走來一個貧病交加的夫，她突然喉嚨被什麼給卡住了，理性上當然知悉要說出「我願意」，可卻說不上來，這時台上的牧師看著她，背後的目光射向她的脊，整個教堂陷入幾秒的安靜，她身旁的準夫倌正等著就差這一句「我願意」就可以成為入主身分證配偶欄者轉過臉看著她且用手過來輕搖著她的手肘，她一轉頭和他的臉對望淚水才滾了下來，像是吐出一口悶在胸的血水般瞬時甦活了過來地吐出「我願意」。此無比珍貴的三個字吐出後，接著背後的觀者報以喝采，而伴娘也急著向後面的人索討面紙遞給了妝已經殘掉的新娘。

當時背後的這些觀禮人咸認為新娘太感動，這眼淚是因為有感於愛情長跑終於開花所掉下的愛情淚，新娘和新郎是大學同校不同系的情侶，畢業幾度相聚終是分離，各有所愛，幾年光景忽逝，一場九二一大地震時成全了他們再聚，再聚的念頭起於新娘在大地震隔日突然想起此舊愛在台中工作，翻出舊電話打了去，電話接通是他，自此又接續了因緣。

九二一拆散許多人，但也因緣促成許多人。

　　這故事聽來似乎足以合理化一個新娘在「我願意」的儀式上掉淚的動人結局，然而當時我這個疏離的觀禮者卻不這麼想，我當時不這樣想是，若新娘眞是爲此愛情的結局感動那她應該在第一時間就面臨感動得難以陳述出「我願意」的情景，第一時間牧師問：「某某某，妳願意以某某某爲夫嗎？」（大意如此），但是新娘掉淚哽咽而無法立即回答的問題是當妳的夫無論如何地貧病與苦難妳都不離不棄……

　　這個畫面的時間點疑惑一直存在我的腦中，哭泣的新娘是我的大學摯友Ｎ，也是我除卻童年喜宴不說外，我大學畢業後所參加的兩場婚禮中的其中一場（巧的是這兩場婚禮無獨有偶地都和淚水有關）。

　　Ｎ的淚水後來被證明不是甜蜜的，淚水是鹹澀的。

　　她寄給我關於婚禮上拍錄下來的ＶＣＤ，我反覆看著她的哽咽，愈發明白絕非是感動，定然是被那句巨大的無條件承諾給嚇著而哽著了。

　　彼時婚禮結束，我已急切起身，在眾人離去前先行把十字架花圈拋在後面。教堂外不知何時明亮的陽光隱蔽在雲層，雨不知何時下的。

　　我想和新娘的淚水該是同時下的。我一點也沒有愉悅感，甚且感到陰鬱的悶。

　　這是我這麼多年唯一參加的一場婚禮，且我遲到，近午才惶惶然急匆匆地從一張他者的昏幽之床跌撞爬起，男人還在打著宿醉的鼾聲，而我悄悄快速梳洗，抓了桌上的相機開車下山。

到了教堂觀禮者皆已入座，新娘走過紅地毯，牧師正在台上宣說「我願意」第一條。這氛圍和我童年過去所經驗的婚禮不論就視覺氣味感官自是甚大不同，但也因此我似乎特別豎起耳朵來聆聽每個細節。

　　把紅包交給另一個觀禮的大學室友說晚宴就不參加了，這樣的場合氛圍不想被晚上的吵鬧與杯盤狼藉破壞。

　　離開一場一生摯友的淚水婚禮走在教堂外實踐大學街道，我所喜歡的台北街道林蔭老樹碎影灑在灰紅磚，毋須辨別文字符號即可知曉我方才穿越了一座幽雅的書店，這雅致的誠品書店裡應該或可能尚遺幾本我的書，書窩在一座巨大的文字迷宮裡的自我洪荒遺跡，除了那標誌著自己的名字外似乎一切俱已切割。每個階段撫育完成的那個我已徹底有著它們自己的命運，徹底成了從我分出來的他者，他者在這座城市的書店一起窩著取暖，發著非常微弱的光等著被知己幾稀者攜走，有的書頁已經發黃了，似乎打算和書店一起終老。

　　小巷內有幾家店，行經有家玻璃窗內放置顏料彩筆和畫架的美術用品店，讓我想起紐約曼哈頓，曼哈頓下城區域有些巷弄氛圍在此被我巧遇過往在異鄉打工於美術用品店的時光舊我。而一家白牆藍窗的仿希臘小店，水果冰大碗豐碩，那是 C 帶我來的，他說我一定會喜歡，其實我喜歡的是和他一起吃冰的身影，這身影似乎仍凝結在那個老位子，老位子旁有株仙人掌和放舊報紙雜誌的鐵架籃，我駐足一賞，C 選擇有利於他事業的她者，卻和我一起在這樣學生邊陲氣息的店裡吃水果冰，那是何等的奇怪，我究竟是精神性或感官性的人，屬於實用性的事物似乎他們都不想

和我連結。

　　我是該高興的，然也許經歷方才不遠前的新娘灑淚的教堂氛圍，我突然在經過希臘白牆時感到一股湧起的難過之情。

　　我想起前幾天母親翻閱牆上的電器行的大日曆時正巧翻到這個日期，她說是好日子，我聽見還特別抬頭看了牆上一眼，農民曆數字上利嫁娶遷曆的一串字眼結成華色的紅字海。

　　今天是好日子。是嗎？我帶著高度的懷疑，但卻也寧願相信如此，因為這牽涉到摯友 N 的未來幸福。

　　然未來幸福又和我的寧願相信有何關係？我想這婚禮和那一場大地震一樣，是一開始就傾斜了。我知悉 N，她的淚水定然有更不被膚淺化的其他意義。

　　我想婚禮上必然儀式最後還真是落得只是個儀式，16 世紀已然有〈婚禱書〉，大意是：從今而後相依相偎，無論貧富順逆，無論殘疾健康，我們真愛珍惜，且至死方休……

　　於今這樣的婚禱詞可能成了昏倒詞。

　　在離開新娘流淚的禮儀現場，我突然想著婚禱詞，想再走下去，我可能真的昏倒在路上了，我從某個男人窩裡爬出急急趕去婚禮現場，發現一天未進食。遂興起食物比男人重要太多的一時之想。

　　在未昏倒前覺得實踐小巷裡的吃食，吃食時，想著大夥正在飯店吃喜酒，自己好端端地不去，真是不近人情且又自虐。

　　一個人緩慢吃著，在今年初夏和新娘同學在北投泡湯的畫面跑進意識。我們在一家新開未久的庭園溫泉館泡湯，景色幽雅食物精緻，我們兩個女人在獨享一間泡湯屋，雖是老同學了但也許

久未曾裸體相見，我說咦妳變得比較有肉了，且是那種很有型的肉感，我想是她有在做保養。同學邊泡湯邊笑著回答，因為要結婚了。就是這時候她向我說起她要嫁給他了。

因為九二一才又讓這對大學校對又再度重逢，而彼此已經歷經多場戀愛，遂以為這是一種天意的成全。

然天意只成全了婚禮。

婚宴結束，杯盤狼藉。快樂一天，辛苦終生。婚姻的聖殿頓成愛情絕跡的荒場。

流年噹的一聲快速走過幾格，時光悠晃，新娘成母親，她的女兒面世，新的掙扎新的辛苦旋即來報到。她是第一個贈我《聖經》的女使，在扉頁上她曾寫著：愛有千百種，唯主的愛恆在不變。

女同學高䠷美麗，有點神似日本息影的神祕女星山口百惠。曾經大學畢業的一些年，她常騎著二手DT，當年不必然要戴安全帽，她又酷又美的身影常讓開車的人搖下車窗在等紅燈時和她說話呢，而讓她載的我也總是覺得非常驕傲。

我無法想像她這樣一個美女受苦的模樣。而她竟還是受苦的，早先婚姻裡還聽她說竟氣到去撞牆，最後有了小孩，一切也就轉了向，再苦都值得等待的姿態是她目前的樣貌。

我總是心疼。但也不免因為一個重逢的隱喻，讓她走上這個宿命而不解。又或者這正是生命的最大偶然數與不可逆轉的神祕性吧。也許她的女兒必須藉由她才得以面世啊。生命的神祕，是需要敬畏的。

三個蘇姓女子

　　母系姓蘇，整個村莊裡唯有兩戶人家姓蘇。

　　我媽說因為姓蘇的你那個阿祖（曾祖父）給姓廖的人招。乎人招，就是入贅。但為何妳沒姓廖？我的疑惑。我媽也說不清，說是那個阿祖又反悔之類的，廖家不知為何也沒堅持，但從此以鍾廖為主的小小村莊卻多了姓蘇的人家。

　　張蘇聯姻，蘇家是我表妹要出嫁，這是我這麼多年唯一參加的一場婚禮。女方代表坐不滿一桌，僅六人（且我和兩個哥哥就佔掉了三個名額）。相較於男方的四十桌，我們簡直像是路人甲乙丙丁之類的角色，無關緊要，且和周邊鄉里聊天熱絡近吵鬧的氛圍搭不上邊，簡直是清寡之家。

　　我媽悄悄說，伊實在是傻囝，佇呢早嫁是昧嫁辛酸乎？

　　我媽的蘇家那邊當然人丁不寡，但出席者這麼少，有其歷史的複雜性與不可逆轉事件發生所造成的後天勢薄。

　　新娘子，我的表妹本就是小說家族史最好切入的題材（在此僅扼要描述），在場的除了我家四人外，就是一個表姊和表姊夫。這個表姊和這個表妹的關係是同父異母的姊妹關係，她們倆的父就是我的大舅舅，我媽唯一同父同母的哥哥。至於新娘的母親，卻又是我這個表姊的高中同學，同學後來被我離婚的大舅舅

再娶，結果是表姊的同學成了她的繼母。

現在我們就是參加這個表姊繼母女兒的婚禮，新的大舅媽生的女兒都二十三歲了，別懷疑，新大舅媽到蘇家時才二十二歲，剛讀完三專。

大舅舅已經過世，而我媽是他唯一的親妹妹，我媽後面有六個不同母親的弟妹，但都因為和大舅舅不熟沒來。

以至於幾乎不參加婚禮的我被我媽警告說女方人就在少了，妳一定得來。聽起來像是在湊人數，其實我是很願意出席的，就衝著表妹。

後來，我發現參加這場婚禮的蘇家女人的背後都拖著一長串的悲涼性故事。

我媽，我表姊，和新娘子表妹。

三個姓蘇的女子，連結的命運共同體是我的大舅舅，被關了十四年，出獄後精神怪怪的，娶了女兒的室友同學，生了一女一子（我的表弟幼年發高燒而成了聽盲），最後一生摯愛棒球與泰戈爾詩集的大舅舅在一個暗夜被闖入的一群少年亂棒打死。打死者脫罪，因為背後是當地有力人士。而我大舅舅被除去是因他將要告發一些事。我們幫表妹告狀，但都無結果。

聽起來是小說的情節，醞釀在我參加婚禮的腦海時間裡。

四十桌對六個人的喜宴菜單
——起家富貴

喜宴，送來像蒙古包的食物。

附帶紅紙條一張，吃的方法：拿起剪刀在「起家富貴」的 2/3 處剪下去，然後撥開上面之蓋子，再把錫箔紙與玻璃紙剪開，同時外面的麵包皮可沾裡面的湯汁一起食用，別有一番風味。

天使在人間

　　姑姑的朋友來我們家的那個午後，我才四歲，老睜著晶亮爍熠如黑洞的眼睛望著客人。其中一個女生隔天要去當修女，而姑姑要去相親。這幫女子都各有所思，而小女孩總能吸引她們的注意力，我遂成為一種舒緩情緒的小天使，任她們愛意的聖水淋上身，那日由於她們的暫居來訪，家裡遂多了許多禮盒。而我像是領聖體儀式的聖餅似地歡喜吃餅，我的嘴唇舌尖明顯感受餅乾的存在，且臉上多半沾著許多餅屑也不挨母親的罵。那晚一堆女人圍著聊天，而我也想達旦相陪，但漸漸仍是不支，最後我在吸取了某種天使氣味的那種關乎愛的能量中睡著了。夢裡我見到那成為修女的女生甜美的微笑，像圖畫裡聖人頭頂都有的光圈。而那位要去相親的姑姑卻沒相成，倒是後來嫁給了那位當了修女女生的弟弟。像是主為他們預約好的婚禮，在天使打造好翅膀後，人人都所願皆成。

上圖／姑姑（右一、右二）一起慶
祝姑姑朋友的妹妹當修女，姑姑
常在我童年時在我家走動，和我
家很親，常帶我去玩。兩個（堂）
姑姑都是我媽當媒人牽成了結婚
大事的。
下圖／當修女前的年輕人團契聚
會後的合照。青春年少，光景美
麗。（左一）美麗的長髮姑姑，看
起來很洋派。

中東佳人

以漢娜（Hanna）植物彩繪手腳，費工幾天幾夜，新娘不能下床，一切被服侍著。外頭則是歡聲雷動，恆常宰羊殺雞，日夜不斷炊地烹煮著。羊血滴滴答答，如雨聲，沙漠的幻覺。

漢娜，在中東市集像一叢叢綠色小丘，沾了水卻開始變色。

別問關在房間裡的新娘關於「自由與愛」的課題，對於當新娘的彼時彼刻，一切只有接受與帶著揣測的某種不安歡愉，沒有思辨的疑惑也沒有可供緩迴的轉圜。

我在這個國度所見的女人都蒙著面紗，長衣長袖的，黑衣黑紗的像是影武者。我想像她們有著一雙深邃的駱駝眼，長長睫毛下閃動著覷睇。可惜通常都只是驚鴻一瞥，泰半的時候她們的美麗我無緣見到，我老想掀起她們的蓋頭來。充滿了不可解的她者神祕。神祕是被文明的他者所對比出來的情調。我在那一刻既覺得自己的幸福又深被那面紗下的她們所吸引，我想像著她們黑紗下的臉，是快樂還是悲傷，恬靜或是滄桑；我想像著她們黑罩袍下的內裡是不是穿著粉紅色套裝的香奈兒或是聖羅蘭？看不見

「臉」，看不見一張匯集著人的心情與歲月風霜的平面圖。她者，在此卻成了不可言傳的祕辛。

在這裡我個人的悲哀感已超越了悲哀的本身。我遂買了兩個玩偶佳人，看得見臉孔的佳偶。且還故意地挑了個女大男小的「反習俗」姿態，只有這樣我才能稍稍平衡，雖然那也是旅人的一廂情願。而旅行和談戀愛一樣，在同質中總是有非常個我的際遇與遭逢而產生的獨有現象。

右上／以漢娜彩繪手腳，是中東新娘最美的化妝儀式，有阿拉的祝福。
右下／植物漢娜粉還沒沾水時是一叢叢的綠色小山，在北非和中東市集到處可見。

退婚

在伊斯蘭什葉派組織裡，新娘的床如聖壇紗帳，若是初夜發現非處女，即可將新娘退回，瞬間被宛如退貨的新娘如老娘，生命再也無人搭理。過往娘家兄長還可能處私刑以滅口。思及此，即感到那蜜月洞房如穴墓，轟然一聲墓毀穴埋，美好生活的幻象凍結。

童年的鄉下不知為何常有瘋女人四處在沙地上亂竄，捧著踩踏著田地摘來的乾枯野荣亂賣著，騎機車的不淨男人或是放學的調皮男同學有的還會欺凌一番。有個瘋女人，聽說就是被退婚之後才得了瘋病。失心瘋女子沿著一整排木麻黃跌撞而來，黃昏一路越過村莊的海風吹得她的身影鬼魖魖黑魅魅的。

有一回她抓住了我的長髮，我一回頭，我們的長髮皆如亂雲，她一手扯抓著我的髮，一手搗口大笑，森黑的牙在昏幽的木麻黃裡如燐火，我尖叫一聲，魂識如破散九霄。之後定了神，見她手勁漸緩，竟幫我編起辮子來，也就不動任意她編。

然後我們一大一小一同走回村裡。

那是我最後一次見到她。隔天聽說她被送到台北的療養院，自此消失在我幼年的目光裡。

關於幼年所見的瘋女子，我魂夢為勞，常難忘記，一個悲哀的印記。童年瘋女直如是作家七等生所寫的〈聖月芬〉再現，一個保守村落的救贖聖母形象。也是塔可夫斯基電影「犧牲」的內我原型。

中東洋化婚禮，新人正要進入
清真寺，接受阿拉祝福。

新娘的床

車子往山林斜坡開去，夏日芒果澄黃如滿月，橘紅如豔陽，到處寫著歪扭字眼的「售蜂王乳」的廣告，之後見到「越南文化村」，一個頭戴斗笠的姑娘招牌被放在村字的下方。儼然外人一入山村即感到此地似乎集結著許多外籍新娘。新娘的命運，一張漂浮的床到了午夜悠悠蕩蕩擺盪在性慾與金錢的兩端。黑夜擁抱的是混雜著奇異哀傷的閃爍燐火。

我見到匍匐在枕頭和床單的女人，在血染的土地上爬動，她們長途跋涉地非常吃力。遠方海水的潮汐在滿亮的銀月拖曳下如一尾尾發著燦光等待上岸交配的兩棲動物。在男女的身體裡宛若藏有漲滿潮汐的島嶼和帆船，葡萄紫的島嶼和黑金般的海水，以及傾斜前進的風帆，暗夜的海域，進行著合法殺戮。

新娘的床，可能血淚斑斑，可能痛快舒爽，也可能歡喜甜蜜到天明。一張新娘的床，是女人生命無以言說的漂浮象徵，是無盡的一千零一夜。然阿拉丁神燈已然失效，不知能否再為吾輩差遣？

又或女人自己得是阿拉丁。又是神燈呢？是物也是人，在人間也能有神蹟。如此新娘的床才能走過悲劇。

我最愛老家的紅眠床，小阿姨說一切古物任我搬，唯獨老紅眠床不准，未出閣的她要睡到死。

紅眠床在我看來最是風花雪月，一派以風月為枕的慾望之床，美得極為隱晦。說盡海上花裏的浪蕊浪飛。

我們出生於床，終死於床，一只眠床，一具肉體在世的早晚依存。迎接新的一天，告別舊的一天，在床與床間，如在墓與墓裡，人居其中，所差是一在呼吸，而只有書和夢是被我允許帶到床上的物件。

記憶 99999

1999 年 9 月 19 日，從傍晚開始一直到晚上，我走在台北街頭，從瑰麗天色開走至天幕全黑，四處都在辦桌，在市區走過騎樓不時見到剛離開宴客餐桌的群聚者，散著酒氣，高談闊論或喧鬧不休。我在回望裡，看見大大高懸著貼著紅底金色的「囍」幛，有的囍字是插電的，一閃閃地亮著俗豔的喜氣。

拉開鏡頭，整個城市整座島嶼的餐廳或是空地都在辦桌，新聞說著半年前即被定位一空，99999，久久久久久，天長地久。

奇特的天長地久年份，新人趕搭著這班長久列車，以為搭上了即可白頭偕老。

最歡樂的年份，全城的人皆在這個年份與許多類似的這天晚上數著心疼的鈔票以包紅包，並不斷地咬動著上下顎吃著喜酒。

或者下一攤鬧酒去或鬧洞房。

歡樂的年份，像是十六世紀開始的奧匈帝國競相以聯姻來彰顯及擴張帝國，當時奧地利流行著一句話：「結婚去吧，快樂的人兒。」

而台北的歡樂年份是以不斷地接受紅色炸彈與不斷地吃喜酒來表達。

這一年，吾輩正處好婚急迫時刻點，眾家男女和合，像中了邱比特的邪箭，不斷在吾輩領空轟炸紅色炸彈。

我是錢去人未去（有時多到連錢也忘了去）。錢嘛，想開點，不婚者最失利無回收期的投資。

1999 921

兩天後。

我一直記得919那日的瑰麗彩幻天色。絕美至有種心痛暈染瞳孔。

兩天後,聽起來像是兩年後的濛濛渺渺。

那麼快速的兩天後,我們在最天長地久的919之後,經歷了前所未有的921世紀末大地震,那一夜,直入生死關,直入像是爆炸後的空寂街頭哀傷臉孔。

那一晚,鄰人喚我一起在河邊空曠地帶度過,廣播傳來四野哀鴻血染。

台中阿姨逃出搖搖欲墜的房子來到台北。

我們走在台北街頭,八德路持續死傷。這八德路前兩天我還走過,在經過無數攤的他人喜宴後。

對比巨大的喜與哀,我已然失去描述能力,只能啞口無言。

熱中結婚之城

走在紐約下城，有兩件快樂的事，一個是奇遇，另一個還是奇遇。

奇遇的內容有時是物有時是人，奇遇是隨興的，可遇而不可求。奇異就像要在隆冬裡的紐約中央公園內見到傷感的斑鳩般獨特。

紐約下城的跳蚤市場是邂逅古老物件之所，古老物件通常僅有一件，喜歡就得下手快，否則一轉眼可能就此無緣。

紐約是個由慾望架構成的城市，去除了慾望，這個城市就空了。人們在這樣的慾望街車裡遊走停頓，感情也就易於離離返返。好多男女今朝相遇，明夕就成了兩岸對望之人，再也不靠攏了。

然而這個城市也是個熱中於婚姻之城，因為許多人依賴婚約來取得綠卡。

我在下城的教堂邂逅這場婚禮，感覺他們的感情外放奔騰。只是誰也不知道會維持多久。

對了，你被跳蚤咬過嗎？那種奇癢可以癢至抓破皮，但不抓到破皮無法解癢，像是貓咪爪子戳刮木頭的快感。婚姻之後的感覺也許就像被跳蚤咬，彼此不抓到破皮是無法解癢的。

下 / 紐約，一對新人走出教堂。
右 / 我心目中的理想婚紗，也許只因為在櫥窗，於是有一種觀望的美，
一種事不關己的美感。不會皺褶，不會狼藉。

2003

　　請容我順帶一提和儀式無關的2003年份（也許以後有關也說不定，說不定有人開派對或是喜宴，喝著法國2003年份的葡萄酒）。

　　2003年，讓我想起1999，只是2003年是屬於法國式的哀傷，它所發生的節奏是先哀傷後歡樂，如此似乎比我們先歡樂辦喜桌後哀傷辦喪禮又來得不那麼嚇人些吧。但這也都是後話之說，於生命個體及整個國度和城鎮都是無論如何所難以承受的痛苦。

　　這一年熱浪來襲，竟然使得法國南方小鎮陣亡了萬人，這數字等於是好幾個村莊將面臨空城。對於溫度與苦難本來抵抗力就較弱的法國人面臨了前所未有的熱氣逼人，白人的皮膚吸熱約大過於散熱，加之當地城鎮幾乎都是不使用冷氣空調的，許多老人家便在熱浪裡消殞，而法國的部長都還在度假狀態。

　　熱浪過後，接著2003年法國農民宣稱這個年份是葡萄收成最豐碩、品質最優的一年，在死了萬人於夏季熱浪之後的秋收。

　　以後當我們喝到了2003年的法國葡萄酒，品嘗那絕佳的芬芳在唇齒間滑動時，我會想起這年的熱浪。那麼奇特的熱浪足以席捲如此多數量的生命，同時間還醞釀著葡萄的豐美汁液，自然的神奇還不夠讓驕傲與養尊處優的人敬天畏神嗎？

　　然而記憶似乎總是自動篩選痛苦，很快地人們會忘記生活隨時隱藏的無常。

　　法式生活，如此美好。葡萄酒廣告。

　　以肉身浸泡葡萄酒的一種虛幻美好。

上巻 ②

生 育

這世間所有的哀歡若在不被允諾之下所
誕生都將面對一種難堪。
關乎被囚於地窖的戀人的私感情或是暗
自生下的私生子，當然無結婚與彌月之
喜的儀式可言。
關於寫作者有太多無法面世以走出黑暗
的類私生子作品了。
而沒有儀式也是一種儀式。
自生自滅，如劫灰餘燼。

———私生子

從一間皮膜小厝甩出

他那翕開蠕動的嘴唇吮吸著陰暗晦濕的唇，嘴對著她的山坳處。那如蝙蝠般的帆航進了血染的深黑海水之後，躍上喜悅的高峰浪頭，迅速穿過如蚯蚓的暗巷彎路，再進駐到一間皮膜小厝名曰子宮，接著害喜，遂有後。

燕爾新婚，酖酣酩酊，恍然一瞬，生命跌入杯盤狼藉。有後之始稱害喜，多怪異的組合詞，喜被害，正負得負。

母體受難日。舊的痛苦被新的痛苦蓋過，從丈夫移轉到小孩，像談多場戀愛一般，新的痛和舊的苦總是屬雜混沌一塊，織成一張面目再也難辨的個我。

阿嬤的子宮已經像荒圮傾塌的老房子，一任一任的房客刮傷了那危脆的皮膜。而我的房子依然是簇新，但隨時移老化，若是在入口張貼「吉屋出租」恐也乏人問津，一如老房子總是貶值。每月身體成熟濾泡破裂引發排卵紅潮，漆染了一間殷紅的皮膜小厝。阿嬤和母親的子宮早已不再有紅色油漆月月來新染皮膜小厝了，她們終於讓忙碌出租的房間空了下來。然時光毒素此時卻上場，子宮頸癌染上了阿嬤，記得最後阿嬤在醫院的皮骨腫脹，已無血管可供打針。這間裝潢在體內的皮膜小厝是女人所獨有的器體，但卻非得要男人來參與不可。

分娩的床，點燃著潔白如聖壇的避邪燭火搖晃著死神不安的意志。接生婆助產士，磨刀霍霍向小鼠小牛小虎小兔小龍小蛇小

馬小羊小猴小雞小狗小豬。

「子宮，孕育群生的墳墓。」黑色喬伊斯來到夢裡，吐出的詞語讓人在夏日也打冷顫。

有多少女人在分娩時死去？分娩仍是女人最危險的事，一個朋友的妹妹死於分娩的手術台。她哀傷忿忿地說：「你看，這麼科技的時代還是有女人死在分娩這件事上。」

是誰召喚人形來到生命的黑箱？是神的意志、是人子的因緣或是《西藏度亡經》提及的中陰生見到交合的男女而悄然入魂入魄？中陰生，介於生和死之間的魂魄狀態，在男女纏綿狀態裡將有許多不可見的中陰生在旁窺覷，每想及此即下體乾涸，生命濕花園頓然被沙漠化被廢墟化。

在未被沙漠化前，我們先是被填滿，被吞沒，接著我們被吐出。一聲哀啼落地，人世諸多艱難現前，首先是有苦說不出，遂整日哀哭，毫無自由可言。我娘說，我出生時沒有哭聲，卻流淚，但仍緊張生了個無聲音胎藏，遂倒起來拍打臀部一番我才啼哭。出生時不哭，以後卻很愛哭。怕我是個無聲音的啞胎，取了「音」字以添加福，如燃燈佛予菩薩授記般地隆重。

嬰兒的甜美照。

朋友送來了嬰兒滿月餅，想起當時他子還在其妻體內時，他說生男叫帥帥，眾人皆接著說，那生女豈不叫做美美。

父母是被真理埋沒的，就像情人眼裡出西施。父母對他所鍾愛的子女是無真理可言的，就是己愛高過一切，愛到最後把愛給溺了的大有人在。

嬰兒照多屬甜美，大抵是在大人還滿心歡喜時被拍下的，許多人有的經驗是家裡的老大照片拍得最多（因為第一次迎新生）或最少（因為夫妻倆年輕時可能也最拮据）。照片是見證，也是難以塗銷的不自由時間點，想到那麼漫長地度過沒有自主權的童年時光便會覺得四周陰冷，墜入荒漠般的空無感。

我很怕看見小孩衣裳，總覺得那像是某種弔唁童年的記憶裹屍衣，總會感到一種被裹住的哀傷。

保留一件小紅毛線衣，奶香猶似未散，曾經擁有的愛織在不朽的細線裡，如愛的木乃伊，見證我們都曾經如此地幼小，如一面歷史明鏡的物證。

朋友 C 生寶貝，送彌月禮盒來。
襯著小嬰孩的紅毛衣，時光殘酷
地離開了我。

左 / 給還沒成形的命運洗個好澡。
右 / 吃一口好好長大，我的寶貝，多幸福的一小口。

我們是一家人，陌生的一家人。
你是我的過去，我是你的未來。

晨光時間，讀新聞是憂傷的。

不甜美的晨光咖啡

法國某高檔服飾品牌在百貨櫥窗上陳列各國文字，最後一排是簡體字：讀新聞是憂傷的。

非常法式的憂傷，和我同調。

在日光未落，暗場以前，我極少極少願意讀報紙或聽新聞，我喜歡看舊聞（更荒謬的是我讀傳播系，還當過記者，現在你終於知道爲何我會當一個短命的記者了）。

有時買了報紙當天不看卻總要隔天（甚或隔幾天）才看，不知是否內在需索一種距離的緩衝時間，以助跑我心不被飛揚的醜聞或災難刺痛了什麼。

把那麼刺激性的話題和血腥暴力殘酷的大街屠殺橫生減弱地成爲一種往事如煙，事不關己狀態。

也許這是我的某種隱性懦弱，讀新聞系卻只愛看舊聞。

但這天上午可眞不巧，有人按我電鈴，DHL快遞，我想才住二樓就下樓去取，遇到鄰居才看完報說要轉給我。

他已看過的報紙攤在我的眼前，一張怵目驚心的照片如一輛失速的列車直衝進我的瞳孔。

我遂緩慢地進屋，將報紙攤在陽光下，續喝剩一半的曼巴咖啡。

那瘦削宛如玩偶的嬰孩照片像是手中逐漸涼掉的咖啡，霎時苦酸了我的心。

是苦酸。但酸苦之後拍了照，入了心檔，以儀式了之。

　　點了根晏起的菸，在陽台邊任思緒遊蕩。牆邊有張肥肥嬰兒照，和報紙嬰孩成對比。思起送彌月禮盒來的Ｃ君，幽幽聊起自己的母親，有了小孩的他，突然想念起在高中即過世的母親，墮了六次胎的母親，他深深感到痛。

　　這樣的事，讓人想起的是，有什麼樣的丈夫在這個女人身上興風作浪？

　　就像報紙上的柬埔寨婦人已然生了九胎，再加雙胞胎，其景堪憐。極其忙碌的子宮，是誰老把房客往黑屋塞？她的丈夫沒有在照片現場。

　　以前聽老一輩的阿桑們說：「就是他強昧愛啊！才會一直做一直流……」

　　真是怵目驚心的晨光。

　　以後還是看舊聞就好。

　　這樣想時，玻璃帷幕前方突然劈出了一道雷電閃光，烏雲壓境，遮滿眼前天色，接著密雨狂洩。整個空間遂黑黝黝如無月之夜，可才上午時分。

　　不祥，這是看當日報紙災難新聞常有的感覺。何況是關乎嬰兒的命運消息，感覺整個他鄉貧窮窟充斥著父不詳的孩童畫面放映在我的台北母城。

我是荒謬的

……所有的孩子都有天賦。

我注視著我眼前的我的命運。——沙特

　　這是沙特，和存在主義共存亡的大師的嬰兒照，突然一切的思維都瞬間融化了，關於人是墮落成果和存在與虛無的論述主義暫時消失。

　　照片說明了一切。

　　可也什麼都沒說。

　　沙特如果把嬰兒照放在書桌前，不知他是否會多一些微笑。我沒有看過一張他的笑臉，可看看他的自由情侶西蒙波娃，時常笑得很開心呢。

　　但沙特是誠實也是尖刻的，看他在《沙特詞語》寫道：「由於沒有可見的敵人，中產階級便以害怕自己的影子來取樂，他以其無聊來換取有分寸的憂慮。」

沙特的存在證明

上卷 ③

成　長

有翅膀的初紅，蒼白的吸血鬼

月月來襲的痛，頭痛，

總是如被廢武功般地軟塌幾天，

如一尾會頭痛的死魚般。

——少女，翅膀的初紅

出生悲喜曲

　　如果避談死亡，生命是脆弱的。
　　如果避開黑暗，光明是不存的。

　　母親，母親來到夢中，她看起來年輕許多，風霜雖減，然而卻是一張不快樂的嚴峻之臉，流轉在命運的苦海裡。

　　母親向來嚴厲井然，不若其女兒之心軟濫情且鬆散。曾哺育我的母親其雙乳在夢裡依然碩大挺滿，那標誌著女體的雙丘，圈著日益凋萎的軀幹，在我看來生命真是哀傷，歲月催人老，女人卻畏懼老，時間逆轉的抗老產品是人類集體的最大虛妄。我看著母親，要她不要擔憂，生命個體自有自己的承擔。

　　母親的眼睛長年因為流淚過多而成枯井，在時間光陰的摧殘與生活競爭的肅殺和感情的揪心裡終於目盲，目盲於一切，背對自己的歷史。母親的背後星辰如虛空之無盡，我問母親，妳要去哪裡？

　　妳沉默不語。

　　母親母親，思念的語言表達不了我對您的愛，時間數字滴滴答答，承載不了分分秒秒您對我的恩。

　　我在您的倒影中，看見自己從一片環繞的繁榮綠景中散放出溫柔藍光，藍光如海，胸丘化成日與月，日月遍照，日月輪轉。藍色的海洋洗滌母親的憂傷，歡喜的陽光注入母親的心扉。海水不增不減，時間不生不滅，慧日恆破諸暗，我們母女的緣終是圓了。

　　我看見母親的眼睛闔著，線條已漸轉趨溫柔。

哀哀人間，母親對女兒的不解與怨懟是我們彼此的最大阻絕，此阻絕宛如天上人間。母親請您日後再到我夢來，讓我看看另外一個面貌的您，看看您也可以溫柔，不再以愛的暴烈來愛我，您轉成一張快樂的臉，快樂的臉閃耀在日月遍照的柔光裡。有這一天。我等著。

童年，倒了一棵樹

　　我在幼童時愛上一棵村口的高高木麻黃，落日寂寥斜影框在細枝，母親的嚴厲森嚴如神之戒律，而小孩總在一棵凝望的樹影下告解，並和耐風沙耐鹽分的堅忍木麻黃互訴哀歡。等待在慣性傾斜的原生家庭裡長大，即使已然扭曲的事難以扶正。

　　男人成婚從野獸變家畜，就像老家園有六畜興旺的家畜氣味，阿嬤豢養的黃金寶貝散著穀稻的尿臊氣，一到炊煙時間牆角煮飯花就綻開，幾株如火焰的太陽花在殘簷下吐熱，得了昏睡病的貓犬都醒來了，混合著夏日的蟬聲嘶鳴。養在紙盒的蠶寶寶睡得倒安穩，靜語地數著一仙兩仙三仙……哥哥交代勿語一隻兩隻，會死得沒半隻，蠶等著夜晚吐絲羽化，南方乾燥的土地有如一幅皸裂的殘妝風景畫，總能從我體內呼喚出如焚風掠境的蒼莽。

　　然生命的所有傷心常是來得非常早。就像最堂皇的也是最空洞的。

　　無情之手在背後推波助瀾。

　　八歲，目睹告解的大樹倒下。那是祖父親手種的樹，傍著古厝紅瓦，姿態斜斜地飛向台灣海峽，那是女童終日與海風與樹葉對話的禱告之地，是每晚女童入睡的天籟。

　　阿公種的樹，庇蔭了女童幼小危脆的敏感耳膜。然大宅院的他氏長者砍了樹，從此樹魂擾民，而女童卻再也聽不到那樣微細渺渺的沙沙簌簌樹葉之音，女童於是長久在木床上為暗夜無樹聲而自小失眠至今。

　　童年倒了一棵樹。以後倒的是一排樹，一座森林。

少女，翅膀的初紅

凡有血氣者，均來歸順。他來了，蒼白的吸血鬼。他的眼睛穿過暴風雨，他那蝙蝠般的帆，血染了海水，跟她嘴對嘴地親吻。

——喬伊斯《尤利西斯》

有翅膀的初紅，蒼白的吸血鬼

月月來襲的痛，頭痛，總是如被廢武功般地軟塌幾天，如一尾會頭痛的死魚般。

關於月經，關於血潮，關於排紅，關於它的無數意象，已被多所詮釋演繹延伸。近年此題材著名的有大陸女生自拍下體而受矚目的攝影展覽「十二月花」，配上東方的十二個月的月花意象及華美鏡框，血淋淋的寫實加上東方意象的魔幻式魅惑，一出手便站上藝術舞台的浪頭。我因為和他討論這件作品而幾乎當場鬧了脾氣起來，男人說好，而我說這是媚俗的東方與身體意象討好。男人突然站起往玻璃門外一推，不等我手中的咖啡未竟即走人。

關於經血，總是連結到少女成了女人的儀式符碼。關於疼痛與悶騷的初始象徵。

關於此儀式之於女人就像男人去當兵之各有一套版本，但女生的多了不可言說的慌亂與體內流動感，而男人的是荒謬與無力感。二者皆難以具體呈現。而經血的乍臨，通常都會提到母親。

母親保守年代當然什麼也不說，或者根本她們也說不清這究竟是怎麼回事，誰能代替上帝回答人的身體構造之微妙。我媽只輕聲說：「又，哪佇呢緊？妳幾歲了？」她像是自問自答地又說：「國二，也差不多囉。」然後拉開衣櫥櫃子，拿了一件她穿過的奇怪造型三角褲，教我如何在底褲多的一塊網布上穿進一片衛生棉。以前沒有自助式的超商，都是到藥房去買衛生棉，要是遇上老闆顧店，我都說不出口，買衛生棉結果卻伴裝買虎標萬金油。常是等到老闆娘現身，才買到該買的。又或者一整天都是老闆顧店也只好硬著頭皮買囉。

　　當年的少女可真羞澀。

　　到了大學時為了掙點費用，在同學慈惠一起作伴下曾在東區街頭發過衛生棉試用包，當時有的女生還羞怯地不好意思拿之，有的歐巴桑則是拿了又折回來多要一包。直到一個聲音悄然響在我的耳際：「有翅膀的喔！」轉頭，天啊，竟是我心儀的某男，我的臉色忽白忽紅，只差沒丟下該死的試用包而暈眩倒地。

　　自此只要月月用此靠得住，就會偶不期然地想起那個我當時轉身見到那男人的畫面。

在夜市裡沈默的那年夏天
——我的第一件胸衣

　　總以為是置身在一團又一團的乾冰中，這是有氣味的乾冰。一個個的角落裡起著煙塵，人影在搖晃的燈泡下圈成一個黑環，燈影流熠著貪食的眼神，有人突然從背影中轉身移動，嘴巴油滋滋地上下咬舐著，黑環的一節空缺很快地就被行經而過的人補了上去。

　　童年至今我總以為身處夜市必然要有炭味煙霧，少了炭烤的嗅覺和火熱的擁擠潺氣，那麼夜市就不成夜市了。總是氣味先行引領步履，舌齒再分泌津液，我巴巴地央著我媽到烤玉米或烤魷魚的攤位，有潔癖的她總說那些食物都是垃圾，所以央求著也等於沒用。

　　她說夏天喝青草茶好，消火。消火，是她需要消火。我知道她的心房一直是個火宅，她不開心，我最好安靜。有時母親在逛夜市前的熱絡會突然在返家後變調成冗長的疲倦，她眼澀腳痠地算著皮包內的錢，然後突然開始叨唸且一發不可收拾，於是生活哀怨湧然而生，竟就暴怒起來，把我們先前在夜市仔細挑選且來來回回討價所買的衣服全部倒出，然後開始找剪刀……

　　逛夜市前的熱絡喧囂到了夜晚成了巨大的沉默，盛宴後的蕭索就像夜市收攤時，人們在捻熄燈泡收板凳蓋布棚……總是予我難以言說的落寞寂寥心情。一如每回和母親逛夜市返家後的必然

畏懼，總是深怕她不開心。當我躺在黑暗的床上時，我發誓要自己和好友一起逛夜市，我再也不要和容易疲倦又容易動氣的母親一起逛夜市。夜市於童年的我總也走不到盡頭似的，現在想來是因為小孩的步伐小，每一攤又都有興趣觀看。轉動的機器娃娃、射水泡和撈魚兒常讓我覺得歡喜得很刺激，有時看站在板凳上叫囂的人也能看得發呆。為此，我媽已經逛到下一攤了，我未跟去，待一轉頭不見我媽又匆匆尋她因而亂了方向地迷了路，然後就哭了起來，我媽尋來時卻總是發出笑聲地看著一把鼻涕一把眼淚的我，她知我是需要她的而兀自歡喜著，又或者笑我傻囝兒，媽媽不是跑來找妳了嗎，唔要驚怕囉。

　　童年島嶼的夜市之其一聯想即是我常常迷了路，像是吉普賽人的諸多流動攤位總是非常吸引我。

　　逛夜市的母親形象鮮明，常常和一堆婦女蹲擠著挑選，攤在地上的塑膠布鋪著如山丘般的廉價衣服或是五金貨物。我看著這一幫持家克勤克儉的婦人蹲著挑著，她們對著前方物體過於專注於是忘了姿態，不是內褲從褲裙上露出一大截，要不就是彎身時露出蒼白的酥胸。有時是兩條腿岔得極開，若有一條小狗鑽進鑽出她們的下體大概也都無法阻止她們對於收購廉價品的趨之若鶩與你殺我奪。

　　是那些一幕幕的原始熱情讓我的童年在夜市裡看得目瞪口呆，是那樣真切的討生實相讓我的眼睛底層無法不瞥視。

　　然而。我要寫的不是童年的夜市，而是童年跨到少女期的那年升國一的長長夏日。

那是一個奇異之盛夏，事物熔了邊界，一切都在轉換，讀了六年的小學自此要告別，某棵大樹因為要拓寬馬路被砍掉了，一些流動市集加入了原有的固定市集行列，於是攤位延伸了，長街上從早到晚都有人在營生，人們在夏日的荒熱裡有了物質的力量，有了自我延伸出去的地理版圖，有了明目的遊街方位與消費品味。

　　可那年夏天，我所經歷的市場生活與夜市氛圍卻籠罩在我之後都不曾再經歷的極端感受裡，那種極端該如何以細節勾勒，或者只能大致烘染一切。

　　我和我媽出入天色未亮的市場，凌晨四、五點的大批發市場燈影晃晃，常讓我誤以為掉入夜市氛圍。可我的身分異位，當時我們是賣家不是買方。我一頭亂亂長髮，方從棉被醒轉的模樣，眼睛還泌黏著隔夜的淚屎，我打著長長短短的呵欠負責找零錢給客人，濕漉漉的塑膠雨鞋發出廝磨的窸窸窣窣響，韭菜老薑蔥蒜搭著腐朽的下水道氣味，賣獸類的男人磨刀霍霍地凌遲著籠裡的畜生，瞬間斷喉的雞鴨哀鳴乍杳……幽幽明明的孤燈街影散著一點哀傷，有時大半天我媽的攤子都沒有人光顧，沒有人光顧的攤子讓主人有一種不知如何擺放的難堪，我甚且不敢看我媽一眼，深怕突然哀憐瀉了堤，這時我媽反而會動怒起來。

　　凌晨的市場沒賣掉的東西通常小販們會彼此以物易物地轉換，又或者便宜地整批賣給小批發商或是某些小店家，有的則轉入黃昏市場。到了黃昏市場，我們又變成了買方，斤斤殺價又從我媽的嘴巴吐出。

　　那年暑假的尾巴轉眼來到，整個夏天，父親蹤影少見。某日

黃昏來了場大雨，夏日慣有的大雨下在整條長長的窄街上，一樓店家和小販們拉起寬寬的塑膠簾棚，吊在騎樓下的達新牌雨衣在風中盪著孤單游移的線條，雨水答答答地沿著塑膠棚抖落於地，整個空氣潮濕漫溢著塵埃味，木炭味和著雨氣顯得濃濃稠稠，原本扯開嗓子叫囂的小販仰望著天，原本人聲沸揚的雜沓者像被大雨吸了音般地靜默。

傍晚的那場大雨說來就來，在廊下觀雨的那個時候，我至今還能回想那場大雨的心情是一種突然襲擊而至的生活哀愁與莫可奈何。

母親突然出現在我觀雨的廊下，她的薄薄上衣濕濕地透明著，服貼在其碩大的胸上，形塑出一個欲墜不墜的弧度。腳下擱著許多透著雨滴的塑膠袋，塑膠袋內看得出是許多欲待烹煮的魚肉蒔蔬。這是什麼日子，我以為是初一十五。

傍晚的大雨很快地釋放盡空，夜晚溽氣有了明顯的涼意，家裡充滿著夜市濃縮的氣味，從塑膠袋裡散出魚蝦肉的腥羶與蔥韭的辛辣和一縷縷幽然的水果香。廚房裡烹煮食物的母親背影，在燈泡下有一種絕然之姿，舀水聲出現又消失，火熊熊起又忽忽滅，日常耳邊迴盪的喧囂突然寂寞了起來。

母親的盛宴是以我的凝眸為氣氛。

她在廚房叫喚著依然站在廊下望著湛藍黑亮星空的我，我循聲望去，看到四方桌上的食物在燈下竄著白白煙絲，光看那熱騰的煙絲即知是可口的美味佳餚。我等著拜拜，卻未見我媽擺桌拈香，她仍是喚著我，少見的耐性。

那晚我遲疑地挨餐桌前，不可置信地望著每一道色相亮度飽滿的佳餚是出自於母親的手藝。飯後，食物仍是盛宴之姿，我仍不捨地挨在餐桌上，緩慢地喝著湯。母親突然離桌，豎起耳朵聽見她在打開抽屜又關上抽屜，聲音安靜片刻，才又聽見她的腳步聲，那一、兩分鐘的安靜縫隙是她少有的細微節奏，我聽到她在房間裡擤了鼻涕和一縷嘆息。

　　她在我面前擺了幾張鈔票。說是要給我繳學費的錢和一些零用錢，她沉默一陣，我感到一股訣別的念頭，屬於小孩的敏感，我咳嗽了起來，因為被湯嗆到喉嚨。母親搖頭，沒有慌慌張張起身拍我背也沒有叨叨唸唸我一向的輕忽與大意性情，她只是看著我，我不敢瞧她，光盯著漂浮在湯裡的幾片褐黑色的豬肝片覷著。燈泡下飛著過不了今夜的脆蛾，屍體遍布在木頭的窗沿上和許多的角落裡，有幾隻跌落到大鍋的熱湯裡。

　　夜裡，大雨又忽忽起，整個空氣都是揚起的塵埃和植物的濃烈氣味，豬籠草在陽台上放出氣味肆捕著蚊子，殘餘的九層塔香散在黑夜裡，不散的夜市饗宴在那晚飄散著一種奇特的疏離與溫暖並置的一夜。

　　隔天，母親沒有返家，桌前又多了幾張鈔票。

　　學校要開學了，需買白襯衫藍裙白襪黑鞋和書包，還要繡學號，為了白襯衫好看，我早熟地意識到要穿內衣。童年好友阿芬是逛街最佳良伴，有錢人家的她對物質一向有主見且大方。

　　我終於以一個有消費能力的大人之姿來消弭對夜市無盡物質的渴念，雖說我期盼去的其實是百貨公司，可鈔票讓我沒得選。

就在母親消失的陰影籠罩下和欣喜的獨立狀態中和阿芬前往夜市購衣。

制服沒得商量，唯獨內衣是可供遐想的消費客體。

夜市裡的角落幾年來依然蹲著一些老婦人，老婦人的眼前通常是一籃枯萎的菜，或是自己手工製的草粿糕，她們叫喚著一把十元一個十元，沒人停下來。我們先是去炭烤的攤位上等待一根沾上香噴欲滴的烤玉米，即使胃的蠕動承受不了硬硬的烤玉米但還是吃得唇齒忙碌不已。

一攤看過一攤，帶著初生羽毛的怯懦不安。但我一方面慶幸著不是和我媽同來，她會在大庭廣眾下大剌剌地把胸衣往我發育堪憐的胸部上一放一量，但另一方面在那個夜晚我又想起前日在黃昏大雨中淋濕的母親，她那美麗豐滿但疲憊的胸部線條。夏天走出浴室裸著上身的母親，抖動著棕欖香皂的氣味和五爪蘋果姿色的胸膛，那曾經哺育我的乳房在片刻裡讓我的思念洶湧。

我在首次和女友逛夜市買內衣的攤位上想起烹煮盛宴後的母親疲乏神色，以及每個逛夜市返家後的暴怒，被剪刀剪破的新衣裳，被分屍的娃娃裝無力地躺在地上……

我的母親，我和她一起在市集做生意、一起在夜市逛攤，那年夏天的尾巴，卻在我少女購內衣的儀式裡缺了席。

我為自己購買了第一件棉質內衣，沒有襯底沒有鋼索，只有兩片薄薄圓圓的棉布裹著我將來的胸部命運。是灰色的，我挑了一個當時的心情顏色。阿芬嚷著說要買白色，那是純潔。我說我不懂什麼是純潔了。她說那也要考慮實用啊，她說穿灰色配著薄

稀的白襯衫制服會被男生看到。賣內衣的婦人才不管我們這些女孩，她使勁力地在促銷著蕾絲花邊的性感內衣給來逛街的煙花女郎們。

我的第一件內衣誕生在夜市，內衣角落繡著一隻史奴比和小鳥，彼此幸福地挨著。

那夜返家的路途不會有人發飆，不會有人要把衣服剪破。然而母親離家出走了，短暫地消失在我生活的島嶼溽熱裡。

屬於島嶼夜市的喧囂特質一直到最後卻都是如此地寂寥，入了夜化成了巨大沉默，漂浮在我的床前。

十八歲的一只玉環

「哇，妳這玉環金熾熾，開抹不少錢買？」

「咦，妳抹記啦，是妳去大陸遊玩時買的。」母后賜給臣女的禮物，母后竟然大方地就給忘了。

「咁是這恁款？」母親把我的手抓過去，並戴上眼鏡端詳，緩慢點頭，摘下眼鏡。

「沒想到俗物入戴濡水。」母后突然哀嘆一聲說便宜物愈戴愈美，人真是不比物。

當母親這樣慨嘆時，我不免想到我父長年在墓穴裡的腐體，他的頸與手皆有著金項鍊與戒指。物件的深情之姿卻是甚比人情冷暖。我手上的玉環通過母后的餽贈，也比她陪在我生命的時光要長得多，我日夜無分分秒無間地戴著玉環，自擁有後從沒褪去過，即使穿的衣服不搭或者手臂做事有點障礙時，也未曾卸下，久而久之，它也成了我的肌膚，自母親的肌膚移植下來的另一層肌膚，愛的肌膚，拘束的肌膚，跟隨我生死盡頭的一只玉環。

我是透過一只玉環（玉鐲子），才在多年後明瞭嚴屬少恩的母親其實心是像凍豆腐般，表面如霜冰的硬，一旦遇熱卻軟，且軟得四處有空心小洞地一塌糊塗。

我手上長年戴著一只新綠玉環，是新玉，硬玉，母親不喜古董，說是死人的物。手環自滿十八歲即被套了上去，除了綠色玉環是我手腕的基本款外，我在此基本款會隨興換上一些水晶之類

印地安祈福儀式的手。

這雙手曾摩娑我的一切。

或珠珠的鍊子，鍊子和玉環相碰，發出噹噹清脆之響，以前和情人躺在床上，情人說我像隻小貓咪似的，還發出噹噹響。現下小貓咪已成了老貓咪，玉環還是玉環，且愈發朝時光逆時的方向而去，猶如日月吸著我的皮脂，愈發青春光可鑑人。偶然全身只掛著這玉環時，在不意裡碰觸到情人肌膚，對方會剎那起一陣冰涼。

擁有這玉環多年，確切時間未記。母親去大陸玩買的，那也是她第一次出國。第一次離開島嶼，第一次見到他者的巨大貧窮之始，見到他鄉貧女小孩，無端讓她憶起自己那可憐的童年。她說她走到一戶人家門口，見著落魄戶似的人家門前擺著一些首飾玉環，她便買了幾個玉環。同行者向她說這玉環根本就是新的，品質不好啦。但母親說她還是買了，就是因為賣的瘠瘦女人正好在餵奶，裹著嬰孩的布巾油油破破的。母親說既然要買紀念品當然就買這種紀念品。

於是，我第一次有了來自於他鄉的禮物，來自於母親給我的第一件禮物。玉環戴上太久，現竟已無法拔出（比起大學未到四十公斤時期，我後來算是胖了不少），除非玉毀，或隨我骨骸入甕。

新玉被我戴成老玉。玉最沾人氣，玉成了慾。

玉環老讓我想起法國作家莒哈絲的身影，她在十八歲時離開越南前夕她的母親送她一只玉環，她一直戴到老，玉環標誌著她的越南少女時期的淫蕩與飄盪。

有日很老了的她跌倒了，玉碎，是不祥。她住院昏迷近一年，幾年後過世。

玉環和手上的大大戒指每每成了她照片裡最經典最聚焦的飾物。愛玉鐲的法國女作家還有因亨利米勒而成名的安娜伊斯寧（Anais Nin），她曾說自己是手鐲的奴隸，她在寫作時一隻手腕被手環環繞著。

　　玉鐲子，女人被之奴隸的奇特貼身物品，跟隨到死之物，若有摔斷，通常昭告不祥。

　　除了玉鐲子，我全身還有個被束縛的地方。就像今日難得一早起來，尾指卻有種緊縮的疼痛。是戒指的熱脹之感，宣告了夏日暑熱之天的來臨。尾戒也是來自於禮物，姨喜歡在有點錢時買金子保值，幸獲得一只，說是防小人。小人，人人防。我的愛情有小人。

壯美手鐲

我們是先敬愛情，然後才有敬性愛的可能。

想及另一只在抽屜內的手環，便會想起遙遠的一個身影。

我有幾年光陰很著迷於項鍊手鐲和耳環戒指之類的飾品，特別是項鍊和手鐲為最。這些物品總使我眼花撩亂兼之花心大開，尤其行走古老國度時，那些帝國的飾品總華麗到炫目，雕工繁複，材質銅銀金為底，寶石為表。醉人的酒紅，深不可測的土耳其石藍、冷麗的貓眼、閃亮的紫晶奪目琉璃。讓人想起這些帝國后妃全身掛滿冷冰冰的寶石水晶，搽著帝國特調的香膏，他處聞不到的氣味，蘇丹帝王在黑暗中玩著聞香水猜后妃之名的遊戲，寶石香水，愛與性，在此揮灑。讓人想要跟著裸體，僅著金縷衣，擦拭迷人香膏，踮起腳尖來段豔豔的肚皮舞。

想到此很想笑自己，因某情人某日脫口驚呼我的腳看起來像是奴隸的腳。

說了這些，為了說情人送的銀鐲子有鄂圖曼帝國的繁複設計風味，壯美，醒眼，手鐲表面為銀飾，兩隻手的姿態，是伊斯蘭教保護神的保佑象徵符號。

可這銀鐲子華美卻得常撫拭。一不戴就發黑著一張臉，難保養，一如情人，一如關係。

十八歲的新玉已成老（慾），銀飾首飾卻仍有情人的氣息，銀飾連結著人氣沾惹著憶事，框住一個魔幻故事。

一二十歲生日 奇怪楊林頭

我想記憶這個生日，不是因為蛋糕旁邊被遮掉的那個人，而是因為我的頭髮造型。

那是個不管三陽或是野狼機車後頭掛著明星照片的年代，楊林、松田聖子、鈴木保奈美、中山美穗、中森明菜……有的不復記憶。

被機車騎士駛過雨天晴天，雨水污漬噴得美女個個掛彩。

那天是生日，男朋友和學弟們說要在校外我租的寢室內為我慶生，白日我特地去修整造型頭髮，美髮師對著女大學生頗溫柔，說會讓我美美的，我說好，便悶頭看著雜誌，感覺她冰冷的剪刀滑過耳際，一抬頭就成了照片的樣子，還不難看，但是打薄的兩側與劉海簡直就是當時流行的楊林頭。

一個時代的流行歷史，複製到我這張照片了。

我所獲贈的是手上的八吋小蛋糕。甜點或食物，是最易快速吸收也最易被取代的記憶。但，終歸不論是鑽石或甜點，都是愛的物證，消失的不一定就不存在。

二十足歲的蛋糕與類似的楊林頭，像是一個惘惘的時代，我所企圖哀悼的是青春還是愛情，也許是虛無。

　　我對於學校一向沒好感，雖然我成績一向也還不錯，有些紀錄現在想起來還有點不可思議，好比生物科展得了個全縣第二名之類的，或者是保持每一科滿分紀錄的幾年光景等等，還有包括從第一名變成最後一名的奇特事蹟等等。

　　後來我才搞清楚我不喜歡學校是因為我不喜歡被管理，我不喜歡集體生活。關乎體制，我就害怕想逃。

　　大學的自主意識算是高的，除了必修之外大致上我還算愉悅。也因為這麼地遊蕩四年，逐讀了大傳系卻從沒進攝影棚廣播間，連什麼大傳系的報紙等等都絕不參與。唯一有過興致的事是在系上有一年被賦予選擇放影片的責任。逐選了一堆冷門電影在系上放，利用公款公共空間，卻很少人來看冷電影，頗有私人電影院的效果，此唯一算是可回憶的事。

　　畢業典禮時，當時低我一屆的大學男友畫了「最後她終於畢業了」的我之素描給我，戴著方帽子的我有點可愛，但收到畫時，心裡一緊，淚差點沒掉下來，敏感如我知道他等我畢業的這個時間點似乎已經是迫不及待的歡喜送我離開他的視線了。畢業典禮，畢業的儀式，和大學情人分手的宿命時間點。

上卷 ④

文字是我的眠床

愈是廢墟的生活，愈是需索豐饒的想像花
園。雙手雙眼探向豐饒花園，閱讀如盛在
盤子裡的文字花園，隨時可以被端進我的
世界，隨時可以帶給它旅行。隨時給它
愛，給它觸摸，給它目光，給它淚水。
　　　　——豐饒花園

沐浴焚香

佛經言：佛，飯食訖，收衣鉢，洗足矣，敷座而坐。

潔淨，儀式。

沐浴，也是伊斯蘭教徒齋戒前必然的儀式。而我的沐浴只是日常必然的清醒儀式，這儀式算是快速的，可能和童年沐浴經驗有關，沒有蓮蓬頭，只有一個外公爲我們匝的堅固木桶（現在是最流行的），汲滿水後，快速洗滌。幼童時期就是自己洗澡洗頭了，而我的幼童時期常掛著一張鄰人口中所說的「貓臉」，我對於我從未入學之齡就很愛到處閒晃是很有印象的，有時在石階上吃著枝仔冰，兩腿大剌剌地開著且前後晃蕩，有時像是野貓地到處東嗅西聞，好幾次到處野遊的形跡曝光是因爲我媽發現我的塑膠小鞋的後跟嵌進了許多的狗大便。

我當時約是成天髒兮兮著且又乾又瘦，有鄰居婦人向我媽說可別忙著工作而把查某囡飼死了。我媽說她當時看了我一眼，卻說伊唔啦，伊命很韌的。

當時沒有家暴法，否則我媽對女兒餓不死的胸有成竹大概是有理說不清了。

幼童時，頂著一張貓臉，幾道髒痕如貓鬚拓在黃昏歸家的臉上。有時我會突如其來亂走，像是走很遠去市集找我媽，或者和鄰居同年齡甚至比我還小的幼童跑出去遊街，或說要一直走到山裡去。印象深的幾回是途中遇大雨，我們幾個小孩躲在一種擱在

工程旁的水泥下水道圓圈水管內，兩人躲一個圓圈，等待雨停。

有一次我還真找到在市場做生意的我媽，那時我才六歲，我媽一時驚嚇，但旋即就笑開了，咦，妳真厲害，竟然找得到媽媽，啊妳都怎麼過馬路？當時小鎮車流也不少，我說就悄悄拉著一個也要過街的大人衣角，跟著他就過馬路了。

我媽說真伶巧，遂破例給我錢去吃早餐。吃完竟要我自己回家。我早忘了怎麼晃到那個市集的原路，記得後來是迷路了，我在警局等著我媽來認領。

幼童時，去找做生意的母親是我童年醒來時的第一個念頭，其實我想我不過是藉著一個目標而想四處冒險而已。那是我幼童時期的日常儀式，當時覺得日子驚心動魄的好玩，哪裡想到危險。後來入小學後的前四年，我的母親改做了其他生意，且也不在固定地點，她就拎著一個包包裡面放著許多物資。然後她要我陪她一起遊走商家做生意，當時的遊走帶著一種不自由感，且我竟時有悲傷之感，真切看著做生意時原本趾高氣昂的母親突然矮了好幾截的不習慣外，最重要的是我的日常成了異常，上學上得很不完整，而當異常又反噬到日常的內容時，日常消失無蹤，快樂也就一丁一點地被篩漏了。

當日復一日生活成為某種心情畏怯時，儀式的功能與心情想當然耳是蕩然無存的。

儀式，說來是須在一種優游或特殊時空才可能有的。日子兵荒馬亂時，哪裡有儀式依存的時空。

焚香，心靈儀式，晨起晏起之必要氣味，
我生活裡的日日緩慢儀式。

而我現在洗澡也還是用水桶，舀水滌之。我欣喜自己可以有緩慢的時空感受日常。起床沐浴後，焚香，以華香繞壇，順醒吾鼻息。之後進入廚房煮杯咖啡，聽著機器壓榨出一杯聖水，端到我的河水聖壇前品著，心情好時看久了河水天使可能來把我接走……接著吃點東西，有時吃多有時吃少，有時只吃顆巧克力。我總佩服許多人可以定時定量，甚至以計算卡路里的方式來決定吞食多寡。我想我沒辦法。佛陀也是日食一餐，他是托缽多少就吃多少，托缽什麼就吃什麼。

我向母親吐露我度日的每一天開始內容，她聽了說無法想像。我後來明瞭她的無法想像，因為有一回上午有個演講到中央大學，一早醒來已不易，何況還要日常儀式，匆匆梳洗穿戴出門，從路上的忙碌到高速公路的壅塞，是驚嚇著我，好像闖入了異質時空。白領藍領齊聚，衝向一棟棟夜晚並不存在的城市辦公大樓和勞動場域。我當時在壅塞的車流裡東張西望每個見得到的駕駛與乘客表情，我看到的是巨大的疲憊與無表情，表情最多打著呵欠睜著惺忪發腫雙眼。接著打卡，刷卡，插卡，無物不卡。而生命也跟著卡在卡片中，此為上班族日常儀式。

打卡鐘發出喀嚓一聲，上班族仔細看著時間點，沒有逾時，才安然用美而美早餐。

我乍然明瞭，日常生活裡有儀式可尋的人是幸福的。願意對日常有儀式心情者是走過黑暗時期的一種生命狀態。（想想我墮落時，別說儀式的可能，能清醒就不錯了。）

緩慢的日常，緩慢地舉行儀式，這是我目前在台北母城的逃逸路線，我逃逸了眾人的生活模式。

以咖啡黑水化成寫作聖水

這聖水必黑。

從床上緩緩爬起，懶懶踱步洗臉，泡泡在臉上拖延光陰，沖去，水無痕。這些動作都是尋常的，只有當我踱步到黑色區塊時才有一種儀式之感。

黑色區塊就是我放置咖啡之地，聖台上置放著濃縮咖啡機、濾紙式咖啡機、摩卡壺、滴漏式濾杯……磨豆機、打奶泡鋼杯、溫度計、保溫壺、小刷子、瓢子、爐子……豆子、肉桂粉、巧克力粉、香草粉、豆蔻粉、奶球、牛奶、榛果糖漿、黑糖塊……舀上一瓢豆，丟入磨豆機，豆子在轉動齒輪中間滲出咖啡香，此係我的晨間儀式序曲，願歡喜無憂。鋼杯承接一杯濾過的水，倒入黑洞。等待過程，拿起長年擱置在旁的波特萊爾詩集或是聶魯達詩集，甚至唐詩，讀首詩，在等待一杯從蒸氣滾出的黑水時。

心情很普魯斯特的幽閉時，需要高壓蒸氣機器所煮出來的濃縮咖啡，咖啡因滲透侵蝕我的骨本，但卻滋養打開我那塵封的心門。若是當日須外出，那咖啡不要太濃，一杯濾杯咖啡足矣，屬淡輕風味。若心境處在情人莒哈絲式的慾望雲端，那將好整以暇地打打奶泡，做一杯卡布其諾，撒上醒鼻吻舌的肉桂粉。若是下雨陰天，煮滾壺內熱水，將水注入濾紙杯，開放蒸散方式將咖啡香充斥在木頭家具與柚木地板的間縫裡。

咖啡注入不同大小的杯子，喝咖啡心情和方位有關。趕稿時，咖啡端到長書桌，常常只啜飲幾口便一頭栽入書寫或是忙忙敲

的重要儀式。有時心情處在獨特氛圍時，會煮一大壺咖啡宴請四方，四方所在為我的供桌觀音菩薩前、父親遺照前、讀的書本前……各放一杯剛煮出的咖啡，讓咖啡以香味和我所關注的對象無言對話，此為另一種儀式。喝咖啡前，我會先喝幾口水，以沖淡辰光方醒轉的舌尖氣味，不加糖，僅搭以一顆巧克力，黑對黑，絕對純然。

這就是我美好生活的前奏曲，原味、香味、刺激、可喜、平凡、不貴族，苦澀而甘甜的口感是我所喜歡的人生調性，一如咖啡原味。我的寫作都在咖啡香中完成，紙頁浸滿氣味的記憶，來自25度生長線咖啡園，遙遠的國度，神奇的黑水化成寫作筆端的墨水，一粒豆子化成一個文字。我遙想南美洲非洲人們，辛苦流汗栽植著咖啡豆可可豆，許多許多人終其一生未曾品過一杯咖啡、未曾吃過一粒巧克力。我在美好辰光啜飲一杯咖啡黑水，宛如飲下一杯來自聖壇釀造的聖水般。

沒有書香令人俗，沒有咖啡香令我悶。我的早晨在咖啡香的熱氣氤氳裡展開，到了晚上，當咖啡香轉成花草香，我又展開另一個人生的片段了。若不幸遇上低潮，美酒加咖啡，咖啡頓成愛爾蘭小酒吧裡的口味，啜一口正熱的咖啡，再啜一嘴威士忌，如火中燒，又清醒又墮落。

閱讀入門

上學去，識字儀式之始。

文字，不透明符號。

書包，課本，文具，制服，入學儀式的必備品。然而我的制服很遲才來到我的身體，我穿了很久的便服才被學校強迫不能再穿那件紅得不得了的洋裝了。那件紅洋裝是有一回母親心情大好且有閒錢時在台北百貨公司買的，質料很好。我約有兩週的時光天天頂著這件紅蘋果杵在一群穿著白制服的綿羊群裡，張揚著奇異的姿態。不知我媽遲緩著幫我買學生制服的原因實情是什麼，搞不好壓根兒不是她忙或是沒錢，而是她想讓我穿這件她得意挑來的可愛紅洋裝秀一秀呢。

上小四前，我上學幾乎是天天遲到，因為隨著我媽四處做流動生意的關係，印象裡常是匆忙和她一起到校，我總是害怕極了，手扶在白色牆面緊摳著，手沾了一把廉價的牆灰。我媽解釋著遲到原因，老師喚我進去，我的眼淚已經在流了。不敢回頭看我媽一眼。幾乎小一小二的日子都在常常遲到以致畏懼而哭泣的狀態裡度過。後來大約習慣了，對於老是遲到，或第一堂課沒趕上也漸漸皮了起來。所幸，我還算聰穎，遲到雖遲出名堂，但成績一直前幾名，老師遂也對我多所寬容，但愛哭鬼名號實在很劣質。

獎座的寂寞和文壇成年禮

當我喝了第一杯文壇雞尾酒開始，我就知道我將更寂寞了。

甚且明白，文壇還不如祭壇更靠近我。

這是個陌生的社群，加入與否沒人在意。這個部落是古老文化的代表，但於今已多不結黨結社了，像法國花神咖啡館那樣的縱橫論壇的氛圍現在聽來像是個神話。於是，很多人都是以背對的姿態面對文壇。

所謂文壇應該是文學活動和其聲息攸關，然我並無。當別人用「活躍於文壇」的字眼形容我時，我甚覺十分陌生，像是這塊土壤並無以我命名的方寸之地，也無以我命名的小花。

究竟為何自己會被劃為文壇一員？我是那麼害怕結黨結社的人，連團體旅遊都十分畏懼（最多可以偽裝和善謙恭可愛幾天），但說起「文壇」是一個明顯有組織內容有活動意識的複合名詞，我從來不曾有過自處文壇之感，相反地甚覺十分疏離。

左思右想，想是因為就得了那麼幾個獎吧。

《中時》與《聯合報》的文學獎一直以來是被視為跨入文壇的傳統儀式，也被新人視為「轉大人」的文學成年儀式之一。

《中時》文學獎的獎座後來改變其風格，遂有兩種，所幸我有領過舊款，舊款是朱銘設計，青銅的古樸厚重是其質感，有了這個舊款，似乎是一種認證，像是名媛需要一款 LV 的經典基本款。

1999 年《中時》文學獎的獎座已從青銅蛻變成琉璃，鵝黃色

的晶亮琉璃，跌落於地上碎成片片，在921大地震時。而我覺得這似乎是個象徵，先是進入文壇得獎通過成年禮，後來必得毀之，因我得打破這個傳統窠臼施加的目光，一如置評論者言語於背後。

文壇流言飛沫甚多，誤解也多，也曾因自己擅用文字的片面詮釋權而誤傷對方，然也沒有機會多所解釋，我們這一代的寫作者幾乎從不聚會，從不討論，從不分享，既然這麼地疏離，那何來文壇之說？

且想，解釋從來只會誤解更深，解釋多所不潔不淨，因為得切割自己，或言不由衷地為了和諧之故，或為和平而甜美。

挫敗恆是有的，誤解且不說，誤讀且不論，嚴重的是寫了半天整個文壇整個環境卻靜悄悄地回應你，你所用力的事物像一團空氣被彈向虛空。

這時只好以請出老是騎著一匹瘦馬的唐吉訶德來安慰自己：掉下馬背，再騎了上去！

然怎麼說，疏離是個性賦予我的某種定數之必然。又況我本就因文類過多而難以歸類，難以歸類者是注定遊晃游離的，哪裡都可上岸卻也哪裡都無岸可棲。我甚且希望自己在眾文人筆墨之中只是個三不五時出版書籍的作家魅影。

我得試圖在文壇之外發現更多隱蔽在生命汪洋底層的東西。

我在文壇，又不在文壇。我只在我的文字裡，以及天父垂憐於我的天賦之眼皮的陰影下方。

我的第一本書

《一天兩個人》，我的第一本書，短篇小說集，選自其中寫作早期的短篇小說〈一天兩個人〉篇名。

出版第一本書後，開始有人在我的名字下方掛上有括弧的（作家）二字。自覺多一些的還很善良地為我正名似地掛上（文學作家）。四個字比兩個字有重量，這時代品牌須區隔。

一天兩個人，內容是兩個人的一天，在一天裡兩個人述往與發生的情節。早在大學時就先以劇本呈現，後來且拍成同名短片，當時一片叫好到我以為我天生就是要拍片。哪裡知道大學時三兩好友可以廝混拍成短片，一旦入社會，拍片的巨大工程與協調能力都是我所無能的。

我的電影夢儀式曾經舉行又消失。

後來把短片劇本改寫成短篇小說，起先〈一天兩個人〉投到報社，命運是被丟到垃圾桶。

後來他人告知可參獎，遂從此改變了我的命運，從影像轉為寫作，且找到終生的摯愛，筆墨。

《一天兩個人》也成了我的第一本書。但它的命運坎坷，兩千本有找。

第一本書短篇小說《一天兩個人》，出文學書是進入文壇的必要儀式。但第一本書也常最短命，很容易一版後就絕版了。

後來逐自嘲，《一天兩個人》是誤謬的書名。若是《一天兩張床》就好了。

一天兩個人，是社會寫實片。一天兩張床，是社會情色片。

你覺得呢？

看來媚俗的性格，我應是深具的，只是備而未用，真到走投無路，也許也會如此拿出來媚一媚也說不定。

說不定的事，說了也白說。

佯裝家裡開文具店的閱讀時期

　　小孩子說謊或是佯裝一些事物時都因為不想被知道實情。印象裡班上有位男生說他家開公司，一年後的某天早晨我一早到教室卻看見他在最末一排的窗邊流著淚。未久，老師來叫他回家，說家裡出事了。

　　小男生的父母雙雙服毒自殺。

　　後來我沒再見到那個男生，那時我讀五年級了，小男生哀戚臉孔一直重複腦中播放多年。

　　我曾是個會偷我父親口袋內錢的小孩，或者趁母親還沒數錢前先偷抓一、兩張鈔票。拿了錢跑去買許多畫圖紙張和計算紙，到了學校就大方分給同學，說是自己家裡賣的。小學二年級我們班出現一個姓施的女生，我和她小一小二同班一直把她記得非常牢，真不可思議，可能是她的兇狠吧，她會打看不順眼的女生，用捏的用擊掌的，後來連男生照打。每一回下課都有黑色轎車來把她接走，我當時總壞壞地想那黑色轎車看起來像是載棺材的車子，我天真地想只有載棺材才會需要那麼長的車子。

　　我買圖畫紙給同學時，我還是分給她特別多張，怕她抓我的長馬尾。施小妮子轉學時，我們才多大年紀，就是要升小三而已卻已經知道惡霸遠離的快樂了。

　　而我也不需要再偽裝家裡開文具店，原來我的謊只是怕被施同學虐待的一個光亮託詞。那麼小就需要他者討好的嬌嬌小霸女，於今不知流落何方？

但當時我偷錢跑進文具店時，我愛上了那家新開的明亮的文具店，當時的大型文具店多有賣書。老闆看我盯著書架直看，他說喜歡看就拿下來看沒關係的。

　　不騙你，我看到了林懷民的第一本書《蟬》不知第幾版本地擺在白色的書架上。隔了約兩、三年吧，我發現我哥哥在某個夏天竟買了《蟬》送我。

　　我就這樣愛上了文具紙張和架上的一排排書。

母親的課本

　　我上學的課本當然全丟了，手中卻還保有幾年前我媽媽被我送去念小學的課本。

　　時間經過二十幾年，事情全倒了回來，母后成了小學生，我成了送她去讀小學補校的大人。母親因從小家貧且因繼母之故並無能上學，聽她說有一搭沒一搭地上了兩年，就被繼母叫回家幫忙帶後面的小孩和學著做插秧等農事。失學的她，很是可惜，因她腦子是動得很快且對生活經濟非常敏感務實的人，若是好好栽培，鐵定是商場女強人。

　　我曾玩笑說過，我的名字「文音」若是手寫得草一點，可以讀成「文盲」，文盲卻是我媽的痛。所以我在大學畢業幾年後，聽到有給失學的歐巴桑歐吉桑讀書的夜校便送她入學。買鉛筆盒鉛筆筆記本課本，媽媽跳過一、二年級，從高級部讀起，小甜甜鉛筆總是被用力的母親寫成了斷頭美人。

　　晚上的教室裡，一些上了年紀的人坐在小學生桌椅上，那畫面乍看溫馨，但回頭想卻讓我感到時光驚悚。像是童年幼嫩的臉龐突然跳接到雞皮鶴髮的老人，這是何等時光殘酷。晚上的教室，說不出的幽魅難以言詮，還沒上課時這群老人相聚聊天的樣貌像是在某個市集菜場，又像是股東發放紀念品的後台。

　　上課時，我偷站在牆外一會，聽見他們五音不全地念著第一課：「有一個小孩子，回家跟母親要錢買公

共汽車票。母親說⋯⋯」我面對著漆黑的操場掩嘴而
笑。

　　國文課，第一課竟是「笑話」，而這群人失學這麼
久，國語教育又曾經全面雷厲風行，於今這樣的場面還
真是個笑話了。

　　也真不知這些人是如何度過那麼多年的文盲聽盲
生活。

　　讀了一學期後，母親沒再去上學，她說都聽不
懂，老了讀書可真難。

　　但至少這個入學的儀式，於她是很有意義的曾經
發生，像是去見了老情人一般，雖然最後並沒有發生了
什麼，但卻是一種儀式，了卻一樁宿願，一個相思。

母親上小學的課本和
我的長篇小說《女島
紀行》，一種對比，
兩種際遇。

瘟疫蔓延的夏日

這座城市瘟疫蔓延，愛卻不蔓延。而我的電腦軟體竟中毒，無備份，未付梓。

我的大意造就我的苦果，於是承載的曾經存在淨空於一瞬，我的電腦文字消失，自此檔案如新，空空然。接著，我的某些內在也隨之掛了，消失了。

那些必然且不得不書寫的，遂只能重寫，而那些已無心情或興趣再寫的，只好宣布腦死。中毒的軟體，軟體的愛與死，我無能為力。

友人說，再寫囉。口氣好像再種一株幼苗般。我消失的十萬字文字如十萬株樹，我將從何再種起？

一種痛感在爆裂。

文字大廈構築的是時光地圖，一如一棵樹無法在一時的光景裡長大。

為此書寫也非是短時可以彌補寫就的。我消失的是光陰，十萬文字，兩年光景。

我執拗地想要重返拼湊那個已然中毒而死的消失小說，卻斷斷無能。失去的難以挽回，將如大海撈針，感情是，寫作更是。

豐饒花園

　　愈是廢墟的生活，愈是需索豐饒的想像花園。雙手雙眼探向豐饒花園，閱讀如盛在盤子裡的文字花園，隨時可以被端進我的世界，隨時可以帶它去旅行。

　　隨時給它愛，給它觸摸，給它目光，給它淚水。

　　關於枯萎，是閱讀花園裡可以接受的字眼，關於病毒，是惟獨花園不想擁有的生物。

　　其餘我的豐饒花園都歡迎。關於我的豐饒花園，是亞熱帶的，這座花園帶有夏季的某種幻覺，它有張著手招呼歡樂的棕櫚樹，有正在醞釀下一季結纍纍果實的椰子樹，有我童年登頂聊天的榕樹，有開著紫花的夾竹桃，有綠波，有小土丘，有環繞的小溪，有野鴨戲水。

　　有夢飄過，有你的愛灌溉。豐饒花園，儼然夢裡築成。

　　我在豐饒的閱讀花園裡樂於當個無名的小園丁。

1999 入幫儀式

距離 1994 年我得聯合文學小說新人獎至今已忽焉十載。

現在文學獎已不值名（仍值錢），但就當年的我而言，那確實是一種成年禮，或說是某種入幫儀式。

這榮光早已隨著價值與獎的過度過多而削弱，遂不提榮光也罷。倒值得說說特別的年份，1999年是我得獎頻繁之年，這一年的台灣大地震恰巧震碎了一些物品，包括獎座，特別是換了琉璃為材質設計的新一代時報文學獎，黃色琉璃從獎座基底跌落，搖身一變成「紙鎮」。而老式的楊英風獎座依然大抵完好，除了會搖晃外。

摔碎的獎座，像是一種提醒，提醒我得獎只是入行過程，之後創作得拋掉獎座幻影。這四分五裂的獎座像是為了實踐著曾經在我夢裡出現的話：「Never get award！」（作夢時人在紐約，連夢神都講英文。）

上／文學獎盃某種入行
儀式和摔碎的琉璃獎
盃。舊款與新款，耐用
與不耐用很是分明。
下／被地震震下來的琉
璃用來當「紙鎮」也很合
宜漂亮。

發酵記憶

　　追憶，於我，常常是只能靜待事物自己浮上表面，然後像小時候在夜市撈魚兒般地把亂竄的金魚撈起，安然地放進裝了水的透明塑膠袋，開心地拎著返家。

　　時間還沒跨過記憶門檻，便已先行晃動四肢百骸。

　　你聽過得遺忘病的人，但你可曾聽過得記憶重症者。

　　得記憶重症的病者特徵是，躲在自己的世界，我閱讀的幽閉裡躲藏了幻影，閱讀世界是我的居所。

　　我任外界花朵開得喧囂沸騰，而我仍躲在閱讀的花盆裡，慢慢發酵自己的緩慢年華，發酵自己的青春遺韻。

　　發酵出一季有著昏黃凋零月色的愛情訊息。

輕幻想

我在月球表面聆聽，我在月球表面讀書，我在月球表面想你。閱讀是我自己的孤獨星球

閱讀的孤獨星球是你我在此世界的唯一國度，在這裡不屬於俗世，不屬於真實

於是才有你我可以擁抱的夢幻。沒有評判，沒有流言，除了你我的愛情，一切的人為足跡都沒有抵達。除了阿姆斯壯，沒有人被允許來到你我的月球。

文字是我的眠床，紅熱的溫燙情緒是我的枕。

紙張和手摩挲在小燈折射的光暈裡，我們把沉重留在閱讀的喧擾外面。

那個已顯老朽且敗壞的外界星球，只會讓我們不安與垂淚。

在閱讀的孤星上，我們跳舞的音符在旋轉，發亮的紙頁在飛翔。

我出現了你少見的輕盈，你喜愛的輕盈，我沉重太久，你已不耐；我悲傷過度，你已厭煩。我遂為你而討好，我有很多的姿態，我有多重的性格，我願為你而甜美，為你而委婉，出現俗世生活該有的樣貌。因為你，我面對了那個擱淺在某個角落的我。因為沉重而沉澱出的新我，輕盈的我。

在孤星上，無重力，無地心引力，一切都輕盈，因為有你，夢裡的天地美好。音樂與閱讀，讓我微笑，甜美的微笑，少見的甜美，少見的微笑。像夢遊的小孩，一個冥想天地如膜

裏著你我，歡樂或悲涼。

　　若有人這時問我情人之間是望著彼此還是望著同一個遠方？我會答既望彼此也望同一個遠方。雙重視野，既享近距離熱情又懷有相同理想的閃亮遠方。在閱讀裡，我們完成近與遠，現世的難在書寫裡可以質疑也可以完整。

　　有許多作者很辛很辣地寫出我所不敢出土的大片遺蹟和海域，那是令人讚賞的。我所喜愛的也或可能是為許多人所不必然認同的世界，但我恍然大悟，某些價值，某些感情，是毋須尋求認同。於是我躲在月球表面聽歌讀書，在無人之境碰著了輕盈，即使是莒哈絲、杜斯妥也夫斯基也變得輕盈。

　　讀懂了，了然了，就輕盈。

讀書謊言

　　過去和現在年代誰沒補過習，補習幾乎是台灣當代生活的一部分。

　　可我要說的是怪異的補習經驗，當年許多國小學校老師課後都會補習，對補習的學生好，對沒補習的差，甚至差到責罰或是惡言相向。我的記憶是沒補習時數學考一百分也變零分，只因我自以為聰明以致沒寫過程，我以心算算出卻被老師說我偷看答案。後來向我媽央求不吃不喝以換取三百元的補習費，我媽笑說不吃不喝，妳瘋啦。補就補吧，妳別把錢拿去玩。咦，我媽變大方了，我想她可能玩牌賭贏了。

　　補習時間是下課四點半到六點半，在老師租下的某窄小房間。別小看兩、三百元，一班總有二十五左右的人補習，每個月進帳七千多元，在台灣七〇年代還是很高的額外收入呢。但我們哪裡知道哩，只是一心央求父母給我們補習好換取班級老師的疼愛。但我當時就看出老師愛我是因為我有補習，是有條件的付出，好在我沒變成你給我錢我就給你愛的扭曲感。

　　補習學生的分數都很高，我不明白的是班上有個很笨的補習女孩竟也擠入前十名。真相有一回揭曉，考試當天，隔幾班的考官要我們彼此對調考卷當場批改。結果很多人都考得一塌糊塗。導師回來時聽說了，我看見他臉都綠了。他問了一些補習的人，結果不是六十分就是五十分之類的，問到我時，我說一百分，他點頭讚許不語。而那個小笨女擠入前十名，是家長給的補習費多於一般收費。

我是一直到國小畢業才釐清這補習的陰謀。老師竄改補習學生的分數，使得補習者分數都很高。而那一回那個監考老師無預警地在考完試後當場交換改，並當場公布分數成績，因此分數就彼此曝了光，我的補習導師根本無法事後做修改的補救措施。補習補進步了，原來是對家長交代的假象，不讀書的人也以為自己變聰明了，他們真的見到考卷時都以為自己當時就是這樣寫的呢。

　　非常魔術的讀書時光。

　　我經歷了這樣奇特的讀書謊言時期，老師作弊但學生和家長卻都渾然不覺，給了錢只是給了個安慰。

悼愛情

愛死之後才有悼。哀悼。一種對於消失事體回顧的雜蕪心情。

分手是告別，就是自此天涯，嚴重地說就是宣判死亡，所以須加以哀悼，需辦超渡愛情法會，以解兩情無緣牽絆，或是不捨離去的某種記憶情愫。

值得哀悼的愛情都是曾經施予關注重量的愛情，輕如雲煙者，已不復記，既不復記，何來哀悼。

而曾經牽手一起散步的情人多數是值得記憶。

牽手比接吻比做愛都難，你知道我的意思嗎？

牽手是進入一種對外公開的認可儀式，是情人已到一種心領神會或不可言喻的關係。

牽手難，難牽手。

————悼愛情

童年有奢昂棒球隊的情人

　　我向某任情人說起我童年生活的一些受虐經驗時，他竟不可思議至幾近生起氣，整個豪華用餐時間都不說話，像是我說的是他認爲不存在的世界，還是他懷疑起我的家族品種，我不夠優秀，我可能有精神病？我用餐時，我感到他底層不可思議的敵意是來自於他對於貧窮的排拒，排拒一種怎麼會發生在我的女朋友身上，我生活裡可沒有這些父母怒打女兒的陰暗故事。

　　用餐時自我不小心說了從小和我媽到處販售違法的走私進口洋酒生意時，他的臉色黑了，整個用餐只聽見刀叉和吞紅酒聲。我把刀叉切在光亮的瓷盤裡發出比平常都大的聲音，以作爲一種抗議。用餐結束，他才抬起頭，他驕傲地說妳怎麼會……像我爸媽都對我們非常疼非常好。（我默默聽著，心想難道我是和晉惠帝一起用餐嗎？那個見路有餓殍時大發何不食肉糜厥詞的高貴者。）

　　之後，我們去了陽明山，像是兩個奇怪的老化身影，面對青春學子賞夜景。在看夜景的陰宅庭園前，我不知爲何在一片情人沉默的空氣裡吐出了一句電影片名：「做愛後動物感傷」。他瞅了我一眼，六月的霧攏在我的周身，我試圖好玩地抓著霧。「做愛後動物睹爛（不爽）。」他回答，我跟著笑。這樣我們才破解了那整晚用餐時間的僵局。

　　然而一切的生長經驗隔閡並沒有從此消失。

　　但他的經驗於我也不可思議。他從小發育不良，童年他想參加棒球隊被拒，回家和父親哭訴，他的父親說沒關係，我們自己組成

棒球隊不就得了。其父買了一組隊員穿的棒球裝和棒球球具，然後以這些奪目的物品獲得許多男生的加入，他有了自己的棒球球隊，再怎麼矮小打得再怎麼爛也不會被判出局。

「棒球隊的隊名叫什麼？」我想也許叫金剛或是無敵隊之類的，男生不都是愛這些名詞。

「無敵隊！」他說。我心裡發出一個賓果的聲響。他說每件小棒球衣和小棒球帽都繡著「無敵隊」，那些拒讓他參加棒球隊的高大人種可都看傻眼了。

何等豪奢的父愛，有這樣的父愛，確實是哪裡聽得下我童年那些陰陰暗暗的受虐故事。他是不懂我，我是不懂他，但我喜歡他對事物的理解一直有一種可愛的嬉遊心情，也是一種天生的貴氣吧。

我天生沒有富貴氣質（且怕貴氣逼人），我喜歡自己像是個遊蕩者或是個小虐兒，瘦乾乾地躲在自我的世界才有安全感可言，至少我有長達三十年的時光是如此過活。我且喜歡跳蚤市場，我喜歡邊緣小黑巷，深不到底的陌巷或是很高很高的閣樓，而這都是他所不喜的，他每每說髒得要死。他住在有管理員有游泳池健身房的大廈，每月繳很多的清潔費管理費，管理員會在螢幕上幫他釘牢在不適當時機出現的某女子。有一回我開車時無意在路口撞見從某個角度竟可以目視到他住的大廈時，感到非常地詭異，像是被召喚似的無意識地一直往前開。到了情人住的大廈，管理員不給進，我說電他呀，管理員說他不在。我沒回話，

被交代的管理員，我能說什麼。我知道他在，關於他的記號我知道。

　　所以囉，最後結局是不祥。

　　童年擁有棒球隊和童年必須依賴謊言才可以換得愛意的男女愛情就再也走不下去。他逛精品店時，我手心冒汗感到不安（我怕自己興起不屑卻又想偷東西的慾望），我欣喜發現二手市場的某個蒙塵的檯燈時，他卻老是說沒空陪我去看。甚且我發現這擁有獨特強大父愛的情人原來個性本質也是扭曲的，過度的愛和匱乏的愛都會扭曲人格的。這情人連我只是說起過往的男人，他都露出一種不屑不想聽的生氣感，但卻允許自己身邊還有正在深度交往的女人。我是很慢才把許多事都看明白且兜攏在一起的。我想，他所不屑的其實就是他所害怕的，這當然也是一種強加諸於他者身上的怪異扭曲，且他總覺得我才是怪胎。

　　童年和成長的不同經驗，早已內化了我們的性格底層與品味趨向，我們是有太多的不同。

　　但我仍常想起他拿童年穿著父親爲他組成棒球隊的照片時眼睛所露出的光芒，那是被父親十分寵愛過的人子啊，眞眞讓早沒了父親的我十分地歆羨嫉妒啊。

　　我哀悼這段愛情，心裡其實有著更多的反省是我當時是被什麼蒙蔽了，那樣不同的人一眼就可以看穿的啊。因爲戀人的盲目，我還是花了好些時光才從一種挫傷感裡緩緩爬出黑暗的洞口。我也逐漸明白掉下去的自己並非是喪心病狂，而是我和他是一體兩面，我是他高級貴賓狗的生活裡所沒有接觸過的波希米亞迷情品種，而他是我暗巷深淵的一式生活經驗裡所沒有的布爾喬亞階級。

哈，我們交集的日子裡一開始是那樣毫無破綻，我當然很會喝香檳、紅酒，還有吃外國食物，旅行多了，又當過記者，哪個豪華團沒參加過，吐露高級飯店或餐館又不困難，於是顯得我很社交很上道模樣。而他呢，其實也很愛看一些二手家具啦，二手相機皮件之流的。我忘了他喜愛二手是一種骨董心情，骨董物品哪一樣不奢華？而他呢也錯以為我的見多識廣是一種品味與興趣的釋放，其實我只是順勢發展，拿出一些旅途經驗搬弄罷了。

　　我的生活裡沒有高級二字，我喜愛廉價（但有個性）的物品。書很廉價啊，一本三百多元，買得起。三千元，我得非常地認真考慮考慮。至於三萬元，不必了。聯經版的普魯斯特一套七大冊一千元，在和高檔情人吃前菜的花費就可以獲得大師以十五年織就的逝水年華了。

　　我們真是太過不同。物質感的不同原來那麼關乎愛情的實質生活。

　　「金錢是重要的。」我想起他說過的話。

　　但要讓這樣的愛情消失，可以用很不廉價的方式，像去高級餐廳用餐，好好地緩慢地吃上一頓，然後告別。對於這段一年多的愛情，我是以這樣的方式舉行內在的告別式，當然哀悼的心情是要好好隱藏起來。

　　然後，說再見。各自走入黑暗的地下室停車場，尋覓絕然兩個世界的車種。我那幾乎不存在他眼底的童年過往和於今將要開走的老舊汽車一樣。發動引擎，我迎向已然捻上燈火的城市，回到河岸居所，回到我自己。

和有些人分手是很簡單的，特別對於很愛面子的人，妳這一方不打電話不接電話幾回就消失無影無蹤了。而我的胃囊似還在蠕動著高檔餐廳的紅酒。

　　我是再也不復見那棟大樓和那盡責的管理員。

　　我亦深信在這座城市裡我是不會遇見他的，除非我出現在頂級時尚精品店，但那怎麼可能，去當賊？還是去發表小說？

　　別鬧了。

我不是西蒙波娃，
但我的生命曾經出現沙特。

羅蘭巴特說，最苦楚的創傷來自於一個人的親眼目睹。

我就這樣見你們牽手迎面而來，即將和我側身而過，你們微笑說話，我如過街老鼠，低頭鼠竄，速速通過焚燒的荒地。

自此，我對你不太願意再想起。雖然你是我生命的經典地標。

然近來去故宮美術館走一趟，在展覽的黑暗空間裡，過往當記者跑藝文美術線的生涯記憶又兜彈了回來。回憶像午後的雷光，總是能引發一場大雨。

有時我們回憶過去靠的是工作場域的勾動。記者是和空間事件時間緊密相連的行業，時勢造英雄，記者因為需無我，所以你和他者的牽連就是組成自我的一張地圖。

這張地圖常是扭曲的。再也沒有其他的行業這麼地靠近日常又脫軌於日常。靠近日常是因為大小事記者親臨現場，脫軌於日常是記者像是午夜的老鼠，晚上上班，午夜看著報紙鉛字吐出迷亂流言與悲歡訊息，交錯的人生在哪裡排演。

朝生夕死，報紙的命運與時間只有這麼短。今天的新聞，到了晚上成了事件死屍。

我一點都不緬懷我當藝文記者的那兩年光景，相反地我懷念的是除了記者工作之外的內容物，像是奇異的空間，像是總是和大眾逆反的時間，像是我和你的曾經。

　　遇見你時，彼時的我對社會的嘔吐感還未成形，即使有偶發的事件催發了我的嘔吐感但也尚未有具體的事物足以讓我吐出。

　　我遇見我生命裡的沙特，你，我們的靈魂指認彼此的存在方位。

　　關於愛的相逢是戰慄的不絕，一生只發生過這麼一次，和你。

　　我第一回與你午夜共食時，我的手在發抖搖晃著起著泡泡的啤酒杯。啤酒供應者是大安路和忠孝東路口附近的一家加州陽光之類的午夜餐吧啤酒館，我發顫的手捧著突然降臨的幸福，我當時所不曾有過的幸福感，對方完全籠罩我身的幸福感，我的耳膜不斷響著一種美好年代裡的男女高吟：「為幸福乾杯吧，可人兒！」的古老旋律。

　　然而，你說，妳不該再躲藏了，我籠罩妳是為了暴露妳，而不是為了讓妳更能生活得很粉飾太平。你說這世界多是依賴粉飾所得的太平，妳不需要如此，妳要當藝術家就得面對，就得離開一味一式的安全領域。

　　我看見妳的迷宮了，一座女體的宮殿是由無盡的匱乏所組成環

繞成的迷宮身世，我無力爲妳尋找迷宮密室的鑰匙，但我願爲妳指引一條路走。彼時西蒙波娃正當困擾著哲學議題時，波娃的沙特說，何不從妳自己的女身命運思索起呢？而我的沙特說，妳得出走，妳得有距離。

於今，我和你因緣際會地卻成爲兩條平行線，直直奔去兩個世界，我們的交集於今全依賴過往的際遇與記憶。

我們相聚時，這棟媒體大樓於我像是發亮的城堡，我們分離時，這棟媒體大樓於我像是黑暗的廢墟。見時姹紫嫣紅，別時斷井頹垣。你終究是我的沙特，然我終究是未完成的女身，因之未完成，故也難以和你匹配並置於個人愛情史。

彼時我不完整。但待我完整時你也已遠去。

我們出入這棟樓，畫伏夜出。隔日吐出文字，油墨沾染在記憶的枕畔。

然而，我終於無法承受於他。你的智慧與生命我彼時還無能力參與，我後來在你的協助下出走紐約。在繁華又荒蕪的紐約方完成了我的生命養成過程。

我由衷懷念你。也感念著生命有你。

但我終究當時沒有做成一個自覺者西蒙波娃，所以我失去了你。爾後撞見你們，我知道我已經徹底遠離了。

是苦楚，一種親眼目睹後自己才眞正願意放手單飛的可議可鄙心態。

求愛與遺情

提早抵達的愛，在我前往你的居所的途中來到我的心，而方向盤還在搜索路的方向，愛不僅提早來到，腳程也提早抵達。門窗緊閉，良人猶在外，遠處惡犬在吠。雷聲在彈，閃光還劈下，天光為雲所掩，蚊蚋伺機代替良人親吻。親吻即腫，如島嶼浮起的印記，我們需要印記以表曾經的遭逢或來日再度的相認，或表關係或表深度。總之我們需要印記，愛與恨皆然。

愛者，印記如親吻親噬後的齒痕，如耶穌受苦的十字架，如血緣的拷貝。我們踩印記前進，最後和留轍者合為一。

恨者，印記如霍桑所寫的《紅字》，如〈啓示錄〉裡的審判，如沖到馬桶的衛生紙，像魔鬼詩篇。

《紅字》，我的高中讀本。似懂非懂，但也已被烙上永不想被烙上印記的想法。「她胸口上那個紅色的恥辱符號忽然要起一種交感的搏動。……灼人的恥辱，……啊，惡魔，你的符咒便是那命運攸關的符號。」當時有個英文老師怪怪的，眼神會不小心就飄到窗外，她常提霍桑《紅字》和張愛玲《半生緣》。後來自己談了戀愛才明白，那女老師看起來怪怪的飄忽是因為曾受愛鞭笞的恍惚印記，是愛的凌厲一記。

我的求愛儀式比預定儀式舉行的時間來得早。

提早是緣於每一刻都深感迫不及待地想要驅馳前往良人懷抱。任何一個速度都比不上思念的速度，思念又沒有慾念來得快，最後

是慾念佔上風，像天邊蓄勢待發的對流雨即將陰陽相撞，我在你的居所等著你，坐在荒山野地像個逃家的女人，只消一點星火即可燎原我身的寸土寸金。寸土或寸金秤量的尺度在你的觸摸溫度。荒蕪野地或是繁花盛景，都是存乎一心。我的心飄飛在你身上，像是在雨中打滾的小孩和牲畜，非常自由，非常姿態，也非常沒有姿態。

　　北越山區猛族為一年有一天定為「愛情市集日」（Love market day）。婚或不婚都可以愛情再自由買賣，是為自由日，364天的不自由以換取1日的自由。漫長的等待，但等待那麼明確，也就不苦了。

　　你仍未歸。
　　沒有客體的求愛儀式，等於只是一種幻想。像是深陷大人世界的一種孩子式的一意孤行的那種孤獨。
　　分別就像一次死亡。來訪良人一路速度如飛，走時如龜爬蟹行，心遂在汪洋城市無定點可下錨。去時萬家燈火，回時一人如塚。我發現自己行走在有如墳塋的城市。
　　在大雨來臨前，我無法淫奔於你懷抱。我決定回小窩睡上一覺，也許在夢中我們會相逢，也許我會去了愛情市集，誰靠近我且鬆掉了我的馬尾，我就跟他走。

愛的不意重逢

　　重逢，有這樣的重逢。為了避免碰見你將引發的各種愛慾苦痛，遂在回國後轉換公司。第一天報到，電梯走出的人卻是你，魂牽夢縈的你，怎麼可能，千避萬避避不掉。你竟也轉換跑道到我要去報到的公司，且也是第一天上班，同事正要為你迎新餐會。你故作輕鬆地說咦，回國啦。停頓半晌，問我分機，說晚上下班打電話給我，旋即和一群人離開視線。

　　我們見面，在建國橋下取車，先就一陣激動地在車內情不自禁。但最後關頭什麼事都像是走錯方向似的懊惱沮喪。我若和你再怎麼樣，就是欺負你了。

　　就像布賀東面對著娜嘉時自忖著：「我若不愛她，繼續見她就不可原諒。」

　　自那詞語吐出，我就明白和你那樣的愛已被你宣判死亡。我在黑暗的建國橋下停車場感到自己瞬間失足墜入深淵 。

　　你開始將扯歪扯開的物件重新穿戴整齊著，回歸原位，「是沒料到啊！和妳見面，因為我看見了妳內在那一團火的物質在燃燒。掙扎但還是想再見面……」

　　巧的是，布賀東繼續寫道：「在靠她很近的同時，其實我是與靠近她的東西更近。」

　　靠近她和靠近她的東西是不太一樣的，就像靠近一個眼前的戀人和靠近記憶裡的戀人是如此地迥異。

　　為此和你已經敲下愛的喪鐘，關乎愛的夢中死亡是無以為繼

的肉體切割。

　　我不明白的是我們如此想要避開彼此最後又避不開地在同一天轉換跑道裡上了工，這樣的難得偶然不是更該相惜此緣，何以我們都畏懼了？還是我們畏懼的其實是愛情死亡的乍然到來。

　　於是我們半儀式半社交地突然一陣激狂。末了，連激狂也只一半。

　　而任何事做「一半」對生命都是不具意義的。

生命練習題——愛的反覆賦別曲

寫下來，是為了遺忘。

我終必得纏繞地迂迴地遺忘你。

　　　　——生命練習題

墜向一片黑色汪洋

我見到自己緩緩沉入一片汪洋大海，聽到那一顆欲振乏力的心零星地閃爍著微弱的噗通噗通聲響。海裡一片黑暗且溢滿看不見的血腥氣味，人間慾望廝殺掠奪的氣味比什麼都血腥。愛情的嗜腥者多，一把沾了蜜的刀切進切出，我遍體鱗傷，海水打來的浪好鹹好鹹，刺痛著每一瓣鱗片……

我的心依然想要安放在行李箱裡。那個紅色的黑盒子，是甜美也是鞭笞，是記憶也是遺忘，是有形也是無形。親愛的，曾經以為離不開彼此的我們，發現所謂的究竟卻是離不開宿命與個性的擺弄。

我們都武裝得好堅強，也陷溺得好深沉，面對重逢，十年一覺台北夢，最大的死亡是對夢想的擱淺與對死魚般的愛情妥協，我想要學習世故，但每天卻愈感疼痛。

我的眼睛已流不出淚水，所以我的心墜向一片海水。

逐漸地，我蒼白的心染著血紅。我想起我的十四歲，十四歲的廣場上，豔陽下的寂寞影子，拉得好長好長，好悠遠好悠遠。

我親愛的大魚，讓我唱歌給你聽好嗎？

一根濕木頭無法給人溫暖

我好難過。每一回無法給他人慰藉時。

可一根濕木頭,我如何為你們取暖?

濫情也是罪過。

你說你是高處不勝寒,而我是深河不可測。

今天穿壞兩雙鞋子,不知究有何指?

沒有你,我依然如故。有了你,我反多了痛。

你說如果我們之中有一個人先走了,你會懷念我們這個樣子。

但我還是得先走了。再不走,我將如花屍腐朽,趁我還有自己時,我得揮揮手。但我有保持緘默的權力,一如你的沉默。我將封口,不再對你說話,我亦將目盲,不再看你,即使一眼。

離開你後,我既聾又啞,且目盲。

我成了一根濕木頭,徹底的冷漠。

想念你如洪荒記事

當我無法自體燃燒時，我很想你，一如冰山遙望熱陽。當我蠟燭兩頭燃時，我很想你，一如山鹿渴慕溪水。想念你時，居所海岸全化為你的身影，而所有的沙地如我皆畏流失。想念是記憶與貪戀的不斷重複影印，壞掉的影印機吐出錯亂的文字密碼。記憶是以你幫我買了蠶絲棉被和我們相偕夜裡以豆漿店共飲的思念為主軸，還有你的豪爽機車，標誌著我們的愛情。

我很想你，想念是古老的行為，想念你是洪荒記事。我的棉被經不起歲月的洗滌褪色，然入夜，我的鼻息依然引領我嗅著逝去的胴體氣味。新情人舊情人，只有棉被留下來覆蓋著我那冰冷如石的軀體，脆弱蒼衰，盛夏之死。

生苦，病苦，愛別離苦，沒有你更苦。何等的執愛冥頑，竟是如此大舉想念之幟僭越了無常與清明，想念你的沌雜與幼稚，讓我從一個寫作者降成一個白癡般的無腦女人。我很想你，我要遺忘你。永不回頭，我又回了頭。化身鹽柱，孤立荒原。

粉紅色的雲在夢中上方凝視

今天入夜有夢。在夢中我們通了電話，你問，你的皮膚還像玉嗎？夢中我答像玉也像灰泥。

像玉也像灰泥，物質的兩端。

我們在床上，擁抱，廢墟般的愛。

外面天氣不知如何？心情擺盪在晴天雨天。午夜來臨，有你來訪，死寂般的痛苦也就遙遠了。你的肌膚氣味，使我想起早晨逝去的年輕軀體，逝去的光陰。生命的暴風雨在暗處醞釀，粉紅色的雲團有著假面的甜美告白，慢慢地緩緩地她移向了我們，你見了她，一個闖入的她者，急急消失在門口，化為一團泡沫。

身如泡沫，再也無法撮摩，再也無法久抱。

從渴生愛，從愛生幻，從幻生覺。

只能望著你的消失。一個懦弱者的巨大消失。

我擔心我媽快回來。準備好離家的行李箱喚醒紅色的心一起遠走高飛吧。

旋即，眼睛睜開，跳離黑暗。夢境在現世際遇裡仍是空空然，只有氣味伴我眠。

我的愛情之錨仍然無定點可以讓我拋下。

繼續，漂流的床，漂流的夜，漂流的雲。

詩人說石頭因淚而成玉，而我的淚水可會成珍珠？

這即使是癡想在脆弱時也好拿來瞎想一番。

漂浮遠方的愛之幻覺

掙扎。

度日。

小ㄅ傳絕望的文字給我，他寫道他徹底虛無。徹底就是沒有邊緣也沒有核心。

收音機傳來蒼涼男女悲歌。昔日戀人的悲歌，如今安在？

斯人已遠，可悲哀仍在。

最後都是剩下自己的哀哀愁愁。

我的愛情在原址荒廢。成了時光的遺址。

當我冷卻時，誰也拿我沒辦法，誰也熱不起我。為什麼一定要走到這個地步？我發出過多少暗號給你們。我甚至想要跪吻在你的腳邊，只求你的憐憫一眼，垂憐撫觸。我甚至說不要離開我，不要。

我伸出等待救援的手，探出水面。夢裡我幾乎溺斃了。愛情不會發生在卑微的人身上。我竟徹底卑微。

我記住了。拒絕了你，一個人頗好。吃零食，看電視，讀雜誌，寫寫東西。

可我氣你，怨你把我拖下水又無力把我撈上岸。

寫下來，是為了遺忘。

我終也要遺忘你。即使以如此纏繞又迂迴的不祥姿態。

請你用手溫柔地撫摸我

看你也頗為痛苦。眼泛淚光。

痛終於從我一個人身上分攤了出去。

是怎樣的執愛頑冥，竟是要一再體會這樣的痛楚。

用手撫摸我，你的手布滿傷痕，時間燒傷的痕跡。

你的撫摸似乎伴隨一種痛感的燒焦味。

我害怕天亮，又是一天開始，無處可去，到處都是

人影，努力維持社會角色的人向我宣示我的漂泊。

我也害怕天黑，沒有溫暖，無從依靠。

每次都要流離，流亡，流放，流棄。

每天晚上，黑影抽長，忽忽就冷。

睡不安穩，夢魘如冰，我的身軀淌著記憶的屍水。

請你用手溫柔地撫摸我。

撫摸我那時間累劫傷痕。

你只消用手碰觸我一下，我想我會燙得跳了起來。

當我以背對之姿面對你

水已經漫湮上我的房間了。

時光飛逝如瀑,一瀉千里。

窗外打著黑束般的閃電,閃光打在昏黃的帷幕,向外
裂開裂開。海浪陣陣洶湧,一滴水也是一片海洋,黑
色之中也有純淨之處。我在等待大門打開,引我離開
淹水的孤獨空間。雖然聽說等待通常成空,好夢易
醒,但我在,我在等待。

沒有什麼東西足以留戀了,我只帶著「心」凝眸一個
可能的未來。

可你卻說我們沒有未來,只有當下。好個被用濫的字
詞:當下,人不解當下,遂頻用當下以當盾牌。

我無言無語,只是轉身。

我將背對,背對你,背對一切,也背對未來。

當我以背對之姿面對你,卻見到你歡喜地傻傻地笑
著。

終也明白,人要輕鬆,不想沉重,因之無法深邃。情
人無法在生命的重量上同赴死境,也就無法在心境上

同赴歡愉盡頭，深邃愛慾可以直驅死境，一個清晰如寓言的夢境可以直抵天國神界。

然你不知，是以如此輕忽。

有限制有條件，意味著無法前進也無法退讓，我們在天秤上論斤論兩，說來真真悲哀。

不存在的愛情等同不存在的感性。

彼此無法馴養彼此，於是我們都不肯全盤交出自由、責任……。我們一腳在自己，一腳在他者。或許我們都還不夠老到要全盤交出或妥協世故，又或者本我即是完整地無法切割？

人性裡的狐狸踩壞葡萄園的同時，狐狸暗自掉了淚。

我從未見我的男人流過淚，即使一滴也好，不解這究竟是怎樣的防護與如何地自縊？

靈魂內部的大火如烈焰懾人的目光

我的靈魂內部有盆大火在燃燒，別人經過卻看不
到，看不到。

目光灼灼如聚光燈凝聚，蝴蝶已然在夕霞的豔紅
中舞動翅膀。

滿室是落葉枯葉的肅然蕭索。肅蕭得如此華麗絕
美，如受刑者漲紅的血光。

君道行路難，行路難。我語情路苦，情路苦。

一為志業難，一為情業苦。

曾經，多麼熟悉的姿態，多麼熟悉的等待，多麼
熟悉的夜晚。

姿態。情人的感官狀詞。你說，妳若枯萎了那要
我怎麼愛妳。誰能扛得動妳的一生？

愛情不會發生在卑微的人身上。可否只是請求不
要把我弄冷，然還是被迫走上了冰點凍原。冷漠
是最遠的距離，心之形貌的荒原。等到我降至冰
點了，你們卻又回頭了。我卻自此熱情難再。在原
路上尋我，而我已離了去。非得如此？在絕路上揮

手轉身?不解不解。空空然度日後,我想得趕緊
加快腳步了。創作吧,只有作品可以撫慰我的靈
魂底層,創作可以自體燃燒。自體燃燒於我有如
人子仰望天父之神性。

我像一隻蝴蝶翱翔於外,洩露了夜晚孤獨者與沉
思者彼此窺視與對話的堂奧。

直到黑暗之心開出紅玫瑰花

當時我是早晨的初蟬，濕濕的翅膀無法飛翔，只能匍匐靜止，若是你在身旁悄然傾聽我的哀愁，那麼就是無法飛翔也深覺美麗。

如今離別的哀歌猝然，和光陰的篩檢競速。

古老的歌響在夢的百寶箱，我看見你溶進一片宿命的暗潮黑盒子裡，所有的命運交響曲在箱內鳴嘶作響。你大喊地說你需要祝福！然我已祝福你千百回，包括祝福你早日覓得你的愛情春天。

然我要提醒你，春天之後，冬天不遠。

沒有恆動，也無恆靜。

魔魅不除，薰風徒然。

我亦需索你的祝福，在我們都互相背對之後。我只剩自己一人了，在這樣的繁華城市，喧囂中隱含巨大的沉默。

遠方，我將前去遠方，一個沒有你的地方的遠方，一個有棕櫚樹徜徉之島，在棕櫚樹的深處，陽光薰心，春風送暖，我許將找到天堂，然後沉沉睡去，沒有掙扎沒有憂怖。

直到黑暗之心，開出了愛情的紅玫瑰。

生命裡的地下鐵是陰暗地交錯

你說如果我們有一方誰先離去了，你必然會想念我們之間的狀態。超越相思凌駕語言的狀態。

我說少了一方那就少了彼此的倒影。

我們缺了彼此，就像正午直射的太陽，在溫熱時卻還是冷暗，光亮至沒有陰影也是一種悲哀。

因為不立體，我們的愛是一種立體，如切割多面的水晶球折射彼此。

夜讀你歷年的創作作品，及關於你我這近一載的對話錄，深覺哀悵，我以為分離之語似乎來得太早。喃喃對著你的照片自語著，我們不要分離好嗎？衷曲未了，語意未盡。

我願在大潮濕裡安歇著我的小思念，在大尋常的日子裡保有情愛小永恆的幻覺，我欲冀以此疼痛與喜樂來萃取記憶的精華，以此創作且自以為是地走下去。

在地下鐵裡，我的生命在人工的燈光裡劈開一道來自心的裂縫，在陰暗的步履交錯與忙碌裡，我試著聽見自己的心跳與腳步聲。

我且聽見我內在朝著茫茫人海大喊：

沒有你最苦！

有人聽了想甩我耳光或者悼以吾輩執拗之悲憫。

此是癡頑無明的情種，敗壞的情種注定人未中年即已乾骨肉蝕，因為淚不歇，苦不止，痛恆在。

重返水宮的魅惑

你曾經滋養存在的空間，卻無能回憶，只能想像。
暖流下，沒有音樂。唯水聲汩汩，許是勞動的母
體移動。水聲幽晃，也許是母體在發呆，當羊水如
止水，也許母體已然躺下，躺在床上疲累地闔上眼
睛。隨著時移，拱起的小丘漸成小山。傳說尖者為
男，弧者為女。分別男女的憑藉物體緩緩現形。
空間幽閉是我們學習孤獨的最初，在水鄉澤國如封
島圍城裡無盡漂浮，伸展。先是手再是腳。
水宮有氧氣嗎？為什麼四周如此黑暗，是因為眼
睛不開，還是因為黑暗是必須的。
那麼習慣的黑暗，目不視物。
我不畏黑暗，唯恐懼速度。十個月閉鎖，太短也
太悠長。
女友取出超音波照片給我看，我最感到無比孤獨
的照片即為此，不知是誰發明這樣的掃瞄機器，提
早讓一個生命孤獨顯像。

被竊取的愛之物證

小偷光顧我家，慘的是他不知搬走的不是物件而是屬於我們的共有時光。

一夕全被搬走了。

時間被改寫，時光被偷走，記憶有了傷口。

所有的物件，以及那些歲月的信件與照片，對一個小偷是無用之物，但對我，曾是盟約和印記的消失。

後來我們相遇聊起這件事，顯然痛的感覺也隨之淡化，一個無心的偷兒偷走愛的物證，遂也一併偷走了時光。

時光已幫我們撫平感傷，想想搬空了，人也就輕了。

我們都輕得可以隨時啟程，隨時流浪，一個背包就是所有，己身就是家當，腦海就是心海，世界只剩下我們自己和一口漂泊的箱子。

初心不難，只須遺忘

如夢似幻地來到我們的舊愛之所。時光似乎沒有停止過，但我們倆皆已變化歷歷。百廢待舉，於你，於我何嘗不是。以前自己寫過要萬事不忘初心，如今倒也約略實踐了。

初心不難，只須遺忘。

我必須自救，為了自救，我投入創作；為了自救，我重返身體的國土。

我在那樣的身體交歡裡，忘卻曾經有過的難堪與心靈煎熬。但願我走得出來，如春陽燦麗，遍灑四周。

為了更深沉的理由，我非得如此不可。為了遺忘，我非得如此不可。甚至是為了自我懲罰而必須如此地遊嬉人間。

忘了你，忘了這一切像夢般的發生。兩地如夢歲月，如幻之愛，水月之情。

忽然，你問我要上岸了嗎？

我突然想起另一個人，他曾對我說，妳只要在岸邊看著就好。早些時候，我在岸邊看著不就好了，又何以弄到溺水了。好在現在不過只是嗆了傷，水積在胸肺裡難受。靜待些時，一切將慢慢癒合。

一切將慢慢癒合。將時間付予時間。

守候自己的姿態

儘管我的日子充斥著許多人不屑的喃喃自語，但我仍然守候自己的生存姿態，直到它們自己覺得可以安然。我相信喃喃自語的真誠自剖可抵眾人的魂夢神殿。

在夜晚縱走黑黑暗暗的無數日日月月，無止盡的高飛沉墜。

告訴我，何處可以看見花朵，何處可以看見陽光？

夜晚到來，我的房子，有空調無暖氣，有電視無節目，有冰箱無食物，有電話無聲音，有網路無信箱，有記憶無往事，有愛情無情人，有血緣無親人，有寫作無成果，有畫圖無人懂，有燈光無希望，有水晶無法力，有命運無際遇……

有朋友，但卻沒有一個想讓我可以說話的人。

駐足島嶼邊緣，身在水岸，常失去知覺，心時時覺得冷。

黑髮有天會斑白，不被愛是可恥的，聽說賴活是可恥的。

我開始有了淚，淚水集滿，撒向種子，她們遇澤，開心地皆笑了，皆開了。

我的淚水成全了她們。

需索時空的成全，需要醞釀的淚水。

一個有玫瑰滿溢但卻無你的夢境。玫瑰花需索注目，我哀嘆一聲那樣的姿態是為了什麼？

懷念西藏友人

喜馬拉雅山下的古夢
我睡你的床，我睡你的枕，我蓋你的被，
但另一個人、另一個國度卻跑到我的夢裡。
夢裡有白雪，飄在峻險巍峨的山頭，是喜馬拉雅山在向我
招手。
落霞紫紅寫著時間已是昏黃，
西藏佛塔在背光裡化成剪影，環繞太陽月亮星辰，旌幡
隨風舞動，
一切都在隱隱發亮：
發亮的土地，發亮的河流，發亮的天空，發亮的飛鳥，
發亮的心，發亮的微笑。
古國，跑進我的夢裡，代替了台北，代替了台北的你。
夢裡山川景物讓我熟悉，有如自己曾經活過這塊夢土，
在喜馬拉雅山下盤腿趺坐，我的色身成了個老人。

赤裸的我凝視另一個自己

裸身，自離開羊水的幽閉空間，初生之後，我們面對的裸身已然非裸身，我們的裸身有著無盡的意識攀附其中，有繁多的教條刻板其中，有無盡的想望牢固其中。

裸非裸，身非身。

當夜，我見到自己躺在一隻魚肚裡，任愛慾情海起風瀾，我凝視著寫滿慾望的肉體，刻滿歷史符號的靈魂。還原成兩具肉身，赤裸裸地彼此凝視著自己與自己，既陌生又熟悉，既疏離又靠近，自己成了自己的局外人。

你說你一生的問題在於對諸事過於距離，而我的問題在於過於無距離。

我們必須有距離的相處，在孤獨的兩端相逢，因有相逢兩端的間隙才能吐納一朵白花，純潔的白花，我們終究相會的應許之地，雖然沒有流奶與蜜，但已歡喜領受。

眾人以喜，
而我以為是投生之悲

夜晚，一點躺著。兩點就醒轉。才過一小時，怎麼以為已經到下一世的悠長了。你在我家掉淚，因為淚水是流向眾生，當你聽到投生之悲，每一次投生就有一個母親。想到母親，讓人流淚。

投生，眾人以喜，而我以悲。

夜裡忽醒，隔壁的骨董鐘發出噹噹噹響。

時間流逝，老靈魂已活過生生世世。

哀。

我近來多所疲憊，灰頹，沌雜，無力。

是陽光太熱，是心境太冷。

台北的夏天，入夏最熱，心卻最冷最寒。

冷到會冒煙。

我們的天空是鑲著綠葉的相框

STAR，我們因為仰望同一個月亮而擁有彼此，

然而我們仰息的卻是不同的天空。

你的天空藍藍如清流，天藍如水的帷幕，籠罩在喜馬拉雅山，

風景之外，我聽見高昂的牧歌，人們的歡唱舞蹈，

這是你成長的世界，如此絕然的遺世獨立，

我第一次懂得什麼是藍色的天空，什麼是山，什麼是樹，什麼是野

放，什麼是人。

我得重新學習這一切才能回到你的土地，

那塊土地的清澈如一面鏡子，足以照見我的疲憊與醜陋。

我畫下綠葉框起的美麗藍空，讓無形的你我居其中。

在這片藍空裡，只有純淨的語言聽得見彼此的心跳。

STAR，願你永遠如此美好，純淨如水月倒影。

雖然這世界已多敗壞，良善的鴿子無處可棲，

但我為自己畫上一片藍空，我想像你的天空為我的天空，

如此我的夢境出現了藍色，最美的水藍。

醒來後，我將因為曾經坐擁這樣的豐饒美景與不復見你而感心碎。

寫給古老土地的年輕星子

STAR，我以星辰為名來思念著你。

你的土地古老但明亮，善良的心輕盈的微笑霎時照亮了你的古國
尼泊爾。

我以少見的明度色彩來描繪你的土地，

因為我在夢裡見到我又回到喜馬拉雅山下，看見了你的微笑，

像星辰般的微笑，吹徐而過，閃爍著智者的光芒。

不知你生活可好？在那樣艱難荒旱的土地。

夢裡你只是一直微笑，好像如風的微笑可以吹散一切的煙塵不快
與沉重憂傷。

長期心靈憂傷的人只消回到土地勞動，似乎就能有了某種紮實的
慰藉與救贖。

在你的土地上，我見到這樣的智慧，也看到自己脆弱的靈，頓時
有了光。

我彩繪了發亮的黃湛湛的土地，油綠得宛如明信片的樹，

對比著紫紅得像是要燃燒起來的天空，我感覺我又回到古老土地
寧靜山城，

和你快樂說笑，或者安靜看著風景，指認著一棵樹，一粒星辰，

一片石塊，一座山的稜線，

一個愛情，一縷相思……

聽見夏日寧靜海的召喚

豔陽懸在夢毯上方，是去夏人在巴黎。

遊女今在八里，日日陽光攀爬三十七度C的高溫，車廂如烤箱，鄰居在樹下用晚餐，只有我這個孤魂野鬼，只想躲在自己的黑洞。

夏日的枯竭，魚兒肺鰓費力喘動。

情人電，仍無法讓我步出黑洞，無法使我有動起來的熱情。

究竟是他們沒有魅力了，還是我自己喪失了行動的熱情，或者該說二者皆有。對，都有。總是我轉身了，他們卻尋來了。

大熱天，畫圖，荒山廢墟蚊子多，否則真可裸體。

好幾年的夏天我人在國外，都快忘了台北的熱。

然而，走遍世界皆然。紐約也熱，巴黎偶也熱。

台北至少有窩可躺。午夜可開車外出。有三步一家的便利商店可覓食。

我愈來愈想就此安老。

夢想著回到十七歲那年夏日的寧靜海，島嶼的熱風喧騰，海波不興，心情不壞。

寧靜，已是午夜夢幻者的最大奢求，理想者眷念的巨大發光體。

在愛情祭壇上當了過久的祭司後，如今我願意在創作上當個永遠靜默的繆思。

聽說你要告別那個荒山

聽說你要告別那個荒山了，我心裡感到一陣慌張的悽然。

就這樣嗎？

那標誌著我們曾經餵養的愛情寶箱與曾經餵養的大狗都將送走了，誰會來接續和認養失去主人凝視的愛情與失去宿主的犬兒？

經驗無法取代，無人可以代替不復重返的個人歷史。

即使我已經將你推進歷史了，然記憶所標誌的紀念碑仍然聳立在午夜的遐想裡。

月圓的荒山，有大樹相伴的月光小徑，是我記憶你家的方式，那些日日夜夜，呢呢喃喃，哀哀歡歡，酩酩酊酊，恍恍惚惚……，欲述已忘言，忘言非真忘，重點在那個言字，是那個傾力也無法言說的幻滅死境撻伐著自己的愛情身世史。

那時我已知道，我曾是你的俘虜，也是自己的俘虜。

感情裡的過渡小菩薩，我向你揮一揮手，同時也告別那些年和你相處在奇異無明的荒山之夜，恍如中了邪的愛情魔魅自此不再攪亂我的心湖。

肉身的死亡練習題

我想你也許可以唱歌跳舞來為我送行。

美麗的黃絲帶，綁上這樣的懸念。

此為我的遺言抒情。

此去將無生，我們緣已滅。

　　　——遺言抒情試寫

我的女體長出一個新的自己
他的名字叫空無

盈暗的時辰。

我冒著冷汗，見到有人正要盜版另一個我。

看不見的人影有一種模糊的冷冷清晰，看不見的人影讓我
有著剝離的痛苦與蝕骨的快感，人影在醞釀，人影在沉
潛，它比死神先行一步地打算擄掠我。於是，人影在丈量
著我的習性我的戀情我的恐懼我的哀歡我的關係，人影在
記錄我的時尚我的風格我的品味我的癖好。人影檢驗著我
的歷史，一個女體的生活史。人影查驗出只有一項我是不
合格的，那就是我對愛情的習性所產生的焚風毀林的結
果。

於是人影在我的體內開始滋生，人影逐漸成形，終於具
體可見，紅紅血衣，雙手張揚嘴巴吶喊，模糊性別近似
男。肚痛如絞，新生扯裂，出生之苦，出生之哀。

最後我從靜臥的床上起身，看見從苦憐痛楚中生出的另
一個自己，完整的自己，體內寄生一只鐘，時針分針指向
空無。

空無在黑暗的幽微中漸漸度過新生的恐懼吶喊。他走出
我的女體，如廁，吐出黑垢污水，把世間流言的伶牙俐
齒與吵吵嚷嚷的嘴巴永久地留在馬桶內。

那樣的嘴巴不屬於他。

他每跨上階梯一步即燃亮一盞燭光，前方有個名字喚
作微笑的女人以及被稱為幽幽的月光迎向他。他將踩
過凋零的落葉來迎接自己的新生。

他和她終於結合一體。從自性的空無中凋零與新生，
明亮是晦暗，晦暗也是明亮，一如男與女，一如生與
死，一如善與惡，都是本體的輪輪迴迴，愛慾的本體以
剎那延伸了無限的存在。

我要時間腐蝕我的臉

忠孝東路和敦化南路路口總是有人在做著問卷。

小姐給我三十秒，幫我填問卷吧。我瞄一眼，又是美容保養。

我都要棄守我的身體了，還保養個什麼。我要時間腐蝕我的臉，我的身體，就像荒草敗壞古墓一般。

然後一個擺算命攤子的先生叫住了我。

我想我的冷漠已足以回應他一眼。

稿債以墨水還，情債以淚水還。

我何命可算？

當我就是自己的主人時，沒有處境艱難的問題。

當我接受歲月的刻痕與他者的傷痕時，時光不須逆轉，青春也毋須緬懷。

我接受這一切。

因為有創造力的女人具有改變自己的命運能力與開拓世界的眼界。

我見到自己死在夢境裡

我夢見自己被某個你的女人開槍射中，血流滿身，世界在暈眩，流光幻影轉啊轉。

我走在街上，尋找你的公寓，你終於下樓來見我，和我說著話，你卻不知道我死了。你不知道我被你的女人槍殺了，我聽見你的房間有奇異聲音，而我必須因為你貪戀的後果，以死亡來終結。

最後一回，我們吃著飯，我向你說著這樣的夢，你卻說，在夢中死掉的人會長壽，解夢都是這樣的。我在夢中因你而死，你的另一個女人當街開槍射殺我。我和你說話，你卻不知我死了。

你，和這一切都沒有關係似的，你的女人彼此自殘實在是愚癡之舉，一點也不值得啊。你的回答多諷刺，夢中死掉的人會長壽。

寧靜爆發能量，從死境歸來

在夢中死亡的過程，好清晰，好完整。

醒來，手往身體一摸，忽有血殷紅。

我度過了暗夜，我回到一個人，我以夢中之死來走過對你無能決定與對自我的自棄。自此，你成了歷史名詞。

血紅的夢，死亡的夢。

重生的自己，大死一回，每天都要做歸零的動作。

這世間的一切如冰雕，我們努力琢磨刻畫，最後是要走向消溶，消溶於無形。

冰雕是為了過程，不是為了結果。

就像活著，是一條生命還原的道路，不是為了終死的結局。

從死境歸來，我終於安然看待這一切的發生。

如此一念地放下，生命的記憶體頓時如夏雷閃電地棒喝一聲，從自體爆炸開來無數能量，竟是能量遍及無數虛空。

我感到這世界宇宙的黑暗地心蠢蠢欲動著念頭，每個凝望的剎那剎那，都是那樣地充溢哀傷。永恆的寧靜。

活過來的我紀念已死的我

我窒息，快呼吸不過來，難受至極。

昨晚我以為我是如此。我沒有想像的堅強與獨立。

可我不也死過好些回了，生生世世，有何膽怯。比起過去，是不算什麼。可久逸之人，一點痛就哀哀鳴鳴，一點傷即悽悽惶惶。一點碰觸就潰散不全，一點背離就水深火熱。

悲哀是我的命運，悲哀也是我的色調。

我畫了一張自畫像，悲傷的大眼睛凝住欲流未流的淚水。枯黃的臉龐沒有慾望，只有冀望；沒有質問，只有沉默。

我的電腦自然拼音會把淚水打成遇上，淚水和遇上，究是何謬？

我不想解釋，也不想再浪費心思。就此打住，一拍兩散。昨日才談愛，今日已沉默，荒謬是本質。

昨日之我確實已死，是我殺死了自己。她該死的，早該大死一次，將記憶歸零，不再受苦了。

記憶的屍水遍流。

假設時間倒回，我會對你的勾動怎麼做呢？是不理不睬？還是欲進實退？

然這都是蠢問題，時光如何逆轉？只能等待記憶自行消退到心靈角落。

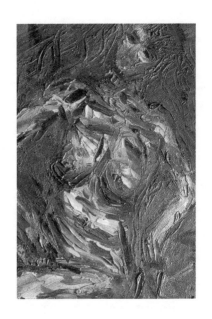

惶然者在生命的驛站上車
遇見下車的你

我在生命的驛站準備上車，另一個人也在生命的驛站下車。

我不確定這個人是他或她，我想的是你，我渴望的你。總是與我素面照見，又交叉而過。

遺下一縷如幽魂般的惶惶氣味，但又極為平實，那是你。

如甜橙花的淡淡平實，是早晨沐浴過後吸納著初陽的穩定與平實，我尋覓多時的氣味。在眾生紛沓流泌的體氣裡，覓聞能夠呼喚我體內原始熱情的芬芳，一種遠逝又悄然回歸的芳香。

你已彎進生命的驛站，而我一個惶然者才要上車，我想要詢問來自遠方的消息，你卻一逕不理地把背影對著我，我感受你的背影頸項似乎有一抹曬傷的痕跡，那是來自旅者的島嶼熱情還是荒涼的邊緣深處？驛站的強大燈光在速度中投影白光成束，喧囂中的巨大沉默是一個

浮世寂寞者的符號。

列車內擠擠挨挨的眼睛已疲倦地紅了目眶，像是超市冷凍櫃的肉品。我們背對的同時間化成了藍藍的幽光，是地中海藍是嬰兒藍，是黎明前的一滴光。我感到你遺下了什麼東西壓在我的心頭，愛情紛亂與生活無能囚住了我的心，漂到了心河的表層，在速度裡我知道即將靜止，靜止之後門開門關，又將迎向另一場速度。

我不知道會不會在下一站遇見你。

一個看似陌生但又宿世累劫所熟悉的你，散出深刻情人的蒼老氣味。那縱是頂級香水師也無法調製的獨有氣味。蒼老在此時最美，我在回憶深谷狠狠切出的暗影中呼喚緩緩的陳年溫柔。

若有不幸，那就是溫柔已被集體流行的暢銷書削弱了字詞的本有力量，一如我在眾生交會的驛站想要細細體會你，終究只得一抹背對的寂寂幻影。

當年的我曾是一個
寧可死亡也要執愛的頑冥者

我說過我有很多的化身。我說過我有時興奮有時煩悶。不要用以前的一句話語或逝去的文字書寫來質問我的變化。

變化就是變化，曾經就是曾經。卜卦就是卜卦。我沒當真，但也沒當假。

當我還是孩童時，我那精通中醫和風水卜卦的祖父說我是個鬼靈精又緩幽幽的小孩，我的體內住著六個人，將來只要我願意我是可以舉一反三地學藝展藝，相對沒有舞台的你，我是個有舞台的人，雖然不論擁有舞台與否，孤獨從來不曾放過我倆。我寫作我攝影我畫畫……但我其實一直希望有個男人住在我的體內。對我發出渴望，一種完整的渴望。

曾經，我的任何一個化身都沒有一個足以戰勝這具對執愛異常的頑冥者化身。執愛的頑冥者曾經愚癡地以為走不出愛情的寒冬試煉，曾經以為沒有你的愛情將無法獨活苟活。我當時太過輕怠才華，我當時太過輕忽他者，我當時太過輕鬆意志，我當時太過輕易縱慾。連讓自己走向死亡都可說是一種縱慾，太過溺愛自己的反向操作所產生的執愛之舉，無法受痛且意志薄弱，唯執愛頑固。

曾經，在紐約的寒冬，我悲傷地看見另一個自己縱身入河，為的是緊緊抓住將漂流而去的心，我呼吸急促，抓住的心破碎不全，直到沉墜

沉墜。

另一個我靜靜地在河岸上看著躍入河中的那個任性的我，長髮如河水波浪潮汐湧動對幻滅愛情的吶喊。任性的漂流者對岸上思索的我說：「妳只要在岸上看著就好！」

思索者確實只能在岸上看著，看著一個執愛的頑冥者對於眷戀風塵的巨大討索，無明的恐懼與無知的浪蕩消弭了生命的神祕莊嚴與愛情的春天發芽。

天空一角映著一雙眼睛在汩流著情淚，因為這雙眼明白地看著這樣的情景，於是就這樣，淚水遇上夜露，催發瓶中的花朵綻放熱情。

當那個曾經想以死亡交換愛情的頑冥者忽然瞥見瓶中花在眼前綻放的那一刹那，忽被重擊地醒轉。曾經燦爛如花的愛情確已無可挽回也毋須挽回，如要持恆燦爛，唯記憶可以防腐過期。

說來，那化身是我，我也是化身。化身是扮演，人世是一場由業力習性推動的扮演戲碼。創作是表述，更是一場超級扮演與超級催眠的對話底層。愛情是眷影，更是一場超級不安與超級渴求的愛慾產物。

原來頑固的執著是創作與愛情的孿生兄弟，精神的同者與異者的分裂細胞。

遺言抒情試寫

不要做任何有害我行動自由與美麗的無謂痛苦搶救。
不要讓我待在冰冷的陌生的充滿藥水的無人性空間。
請讓我軀安靜待上四十九個小時，以香華和經典繚繞於我即是最大的安慰。
沒有淚水，只有歡笑。

我想要黑白的自己高懸，環繞於我的是繽紛畫作與書籍在最後的聖殿。人數少少，但都眞摯。有人朗誦詩歌，有人跳舞，甚至接吻在我的書展與畫展之間，但願大家都快樂，雖然生總多傷。
我將見證自己生命在耗竭後的最後一刻，一切我嚮往之物的緩慢破滅。生命自己會爲自己編花環，我以書寫來編告別的花環。
我們都是生之死者，爲修得好死而好活。
我若離開此地，去了看不見盡頭的遠方，請爲我打包一顆熾疼的心意。
我想你也許可以唱歌跳舞來爲我送行。

歌是要看盡人間蒼涼冷暖的死亡之歌，舞是要鏘鏘揚揚如焚火炙燒的辣辣火舞。

我說我們彼此若還相愛，那麼請為我犯一次法：當我死亡時，切莫讓我軀待在冰冷之地。若不慎有人無知地處置於此，請你一定要以任何方法盡速把我軀從冰棺取（偷）出，回歸平放在如草原的枕畔，繼之燃香焚體，再繞屍畔舉燭禱告安魂，那將是我軀橫渡最後人間夜霧與愛慾的儀式。

請讓移動的行腳帶著我這個美麗的遺囑前進到沒有地圖的遠方。
遠方沒有名字，只有存在。
我永遠會記得你那如山鬼般的魔幻，我心存感激。你彈的老舊吉他上斷了的那根弦是我們共度夜潮的物證。天已微亮了，紫笑東在窗前和晨曦競比著。我掩上木門，踩上了第一滴露水，最後的淚灑向荒涼泥地。
美麗的黃絲帶，綁上這樣的懸念。此為我的遺言抒情。

此去將無生。我們緣已滅。
離去是幸，願不再重返。悼卡蘿。哀自己。揮灑不再有烈愛。

上卷 ⑧

關於戀人

和戀人在一起時，戀人會塗銷周圍的一切事物，光圈只剩眼前的人，周圍環境無論多吵無論多刺目都能因為專注戀人的這個客體而自動地消聲且匿暗了下去。

戀物到極致可以格物致知，戀人卻是無論多認真地「格人」都不會致知，只是愈格愈惑，愈格愈退縮，終而失去。格是為了明白，唯獨愛情是不要太明白。

戀人反映彼此的愛憎，我的戀人反映的是我的匱乏。

有人交來交去都是同一種戀人樣貌，而有人的戀人卻個個皆不同。

關於我的幾種戀人，在對話之後，他們都需索安全感。

安全感無非是現實安穩的基底，由名利權所構成。而我什麼都有，就是沒有構成這些現實的安全感。無論每一場戀情多用力或多虛無，終將說再見。於是我開始背對戀人，面對我的寫作，這時我才又從破碎裡又回到己身的完整。

愛來愛去，春去秋來。

　　　──關於戀人

鑽石表昂貴　我表廉價
【愛的物件】

你有多少顆鑽石的同時，你就有跟著而來的巨大閃亮與幸福不摧的幻覺。

戀人擁有鑽石以抵達永恆，實則只抵達了昂貴的礦石肌理。航行大海的水手日夜沾上的氣味是為了尋找漂泊，（女）戀人日夜處心積慮地就為了讓人套上一只三克拉鑽戒。

克拉，鑽石的計量單位，是最輕的重。

鑽石，始於人心的獨特昂貴追求，是某種炫耀，情變還可以轉嫁。婚姻貶值，鑽石恆升值。

送我一顆海邊的石頭就好，就好。我喜歡廉價，廉價裡的獨特，你能找出海邊任何一顆形狀重量顏色紋路相同的石頭嗎？

小石頭很唯一，很廉價，可若掉了，我未必不心疼。

戒指 為什麼結婚要互戴戒指？戒指表你屬於我，一種被套住的承諾。美麗的必要束縛。

戒指史，如束腹，為了美麗的背後允諾而情願被牢牢套住。

戒指，是指向戒律，由女人來守。

聽聞戴左手無名指可招結婚的桃花。

我戴了卻只感到無明虛空。

玫瑰表愛情　我表虛無

如果沒有儀式所需的大量物件與象徵那商機就不存在了。所有關於儀式的物件其實都有被過度操作的暴漲身價。（引儀式入生活，時常是商人和廣告聯袂的陰謀。）玫瑰，永恆的戀人絮語，愛的聖餐。細微的光影褶，重重花瓣的迷宮隱喻，凹凸起伏的縐線條信息。玫瑰，被愛過度使用的記號。

玫瑰既幸福又憂鬱，像是索愛的帶刺肉身，倔強而世故。

戴白紗手套的女人

　　她一直想婚，我想一定是想昏了。

　　我最後見到她在一座市集，她過大且有些慘白的臉龐掛著一只過大的粉紫邊眼鏡。近看她，臉上長著青春痘，是荷爾蒙失調所冒出來的樣態。

　　我說妳不是在洛杉磯嗎？她說回來相親。臉上掛著笑眼神卻有點渙散如水霧的一片迷濛，快過年的市集擠滿著食物色相，持家婦女身段俐落地行過我們。在一座傳統市集遇見小學同學，她的臉上浮現將要去相親的可能喜悅或可能無奈甚至是屢屢失敗的挫傷。

　　前年她妹妹的照片被她母親拿去給媒人，媒人將其妹的照片登錄在竹科園區專刊，很快地其妹進入密集的相親旅程，在陌生人與陌生人之間攀爬婚姻的理想高峰，值得攀爬的標準是以現實為始。每個人編織的現實細節不同，聽說她妹妹後來嫁給晶圓廠小開，小開長得很抱歉，但她還是如願以償地成了大戶人家的少奶奶，且一舉得男，更添尊榮。我聽說這些事時，浮起的畫面是她妹妹留學歐洲，彈著鋼琴的畫面。

　　原來學鋼琴是某種婚約的高峰價值。

　　她先行離去，冬日流雲暖暖，游移在金紅色的春聯上。某種屬於女人紅字的命運感在當時滑過我的心裡角落。很快地，傳統市集的婦女龐大身影遮住了同學背影。

　　三年後，她在洛城時我曾去找她，她的居所頗寬廣。醒來時，我總見到坐在客廳的她正喝著水果茶看著報，畫面的「刺點」是：抓著報紙的手竟戴著蕾絲邊的白紗手套。多詭異的黑色畫面。

　　接著，她載我上超市，開車時，即將握向方向盤的手也開始緩緩地戴上白紗手套。

　　這雙意欲戴上白紗手套的雙手應該是出現在教堂才對。

　　這雙手，於今仍在等待這樣的一刻。

　　若這時刻一直未來，她會不會瘋了？我很是擔心。

下卷 ❶

懺情者言

懺有多種儀式，水懺、拜懺、花懺、放生懺或是徹夜冥想或禱告都是。

而屬於我的是情懺，以文字作懺是為書寫懺。

有些感情必要發願發懺，而我總是懺多於悔，就像贖多於罪般。

舉行弔祭儀式有時不能太溫吞，有時必然得學怒目金剛菩薩，對過往狠狠地揮劍而下。在荒蕪裡揮劍，劈出一道光。荒蕪裡的光，可照亮虛空。

書寫是吾之必要的懺悔儀式。

懺悔無關對與錯，懺悔是還原際遇的無奈或捉弄，懺悔是一種心境，重新看待自己和所懺的客體。

把將自己釘在十字架的往事賦予重新注目的目光。

像是喬伊斯說的：「以聖靈為媒介，自己委派自己為贖罪者，來到自己和旁人之間……」

在自己和他者之間，我們其實認識的彼此泰半處在陰影黑謬狀態，我們所知的他者其實真是非常有限。所以希冀瞭解之不可能，懺悔不是為了瞭解，懺悔是希望阻塞的生命環節得以舒緩。

讓自己和別人都好過，是必要的道德。

　　——懺情者言

在屋頂發燒記

「我因傷害而面臨如煉獄般的情境,但不能如此,傷害必須如瘟疫般的被檢視。」── Anne Sexton。

母親在廚房,聽見爐火和鍋鏟瓢盆相煎相擊之音,她的女兒正在想別又缺東缺西了,沒料黑暗只見一盆火光的那頭還是傳來了聲音,幹……去買一罐豆油!女兒將埋在作業簿裡的身體遲緩地往廚房移,穿過房間的黝暗,「妳卡緊喔!等唔通乎妳哮咕。」女兒不懂為什麼母親一定要那麼粗魯地把吃東西講成哮咕,她走到熱得出了一身汗氣的母親面前時正好母親把爐火熄掉,大火將熄地轟一聲把她駭了一跳,母親明顯看出女兒嚇了一跳地彈動一下,母親往裙子口袋邊找錢時邊叨語著:沒膽ㄒㄧㄠˋ。有長長的些年母親是粗糙的,她像是被生活市集的巨大人群給鍛鍊出來的般,又像是隱含著某種必要和女兒極端不同的姿態般,母親在女兒面前總像個男人婆,像是不斷提醒她太嬌弱無法生存。

母親沒有注意到女兒像是生病發燒了,一臉通紅,女兒拿了錢,懷著某種從小就感到一種痛苦的心情外出買了醬油,快要黃昏的風突然轉涼。女兒到了隔壁男生班長開的雜貨舖像老鼠般地說出要買一罐金蘭醬油後,旋即快速離開雜貨舖,店裡開著好大聲的科學小飛俠價價響著。拿了醬油給母親,不防在母親面前咳嗽起來。破病乎,虎生出一隻病貓,按怎會感冒?女兒低聲說可

能是昨晚吹電扇沒蓋被，以爲這樣說會得到母親的憐憫。

　　沒有沒有，那個年代，她的母親覺得自己就是個可憐人，她絕不同情誰，但只要是要花錢的事都會惱怒她，她的女兒當時還小還是沒弄懂這個邏輯關係。

　　幹……破病愛開錢，妳哪唔脫褲乎臭屄對電扇吹，死死卡歸去！

　　這幼小女兒哀戚著一張臉瞬間離開廚房，她爬上屋頂，躲在角落再也不想回到那個窩。眼前天光漸漸蒙上烏黑，她深覺受辱，被自己年輕壞脾氣的母親詈罵氣辱，她當年完全不解母親在市集和男人拚生活時也常遭受同樣言語污辱，她的母親遂將所有的氣傾洩在脾氣最拗的唯一女兒身上。

　　黃昏離去，降下一丁點一丁點的黑幕，四周像是染著重重徬徨與疑惑的那種神色不開的蒼茫蒼涼，神色無比倦怠的女兒癱坐在屋頂上她打算一直癱到天荒地老。

　　這時母親四處喊伊呷飯的聲音陣陣傳了上來。她不想下去，她那麼小就懂得恥辱，眞是要命的敏感。可那個母親其實就是天生一張刀子嘴，她必須應付在市場做批發的番仔們，她吐出這些言語時只是氣話，她想市場不都是這樣臭屄臭雞八沒卵葩地罵來罵去，甚至男女就這樣彼此殺著價，言語的粗鄙像是一種習慣問候似的日日報到。母親永遠都不明白她是如何地傷害了敏感文弱

的小女兒。女兒曾想再也不要愛她的母親了，她想離家離得遠遠的，但她的身體發燒很虛弱，她聽說發燒燒久了會變笨，她很擔心但卻又固執地待在屋頂上吹著入晚後轉涼的夏末秋初涼風，日夜溫差大，但她有那麼一念還真想把全身的衣服褪去，如路口一片落葉也不存的光禿禿小樹，赤裸裸地躺在吸收著秋老虎熱燙的屋頂上，繼續毫不遲疑地發燒下去。

那晚，這母親本來還老神在在地尋著，後來隨著時移她開始扯開喉嚨喚伊名，並東問西問凡路過者有無見到伊女兒。她矇矓地聽見好像有人在喚伊，但身體萎軟地起不來。後來母親靈光一閃才趕緊爬上屋頂找到了小女兒。此時女兒發燒說著魔囈，母親一探女兒的額頭熱燙著，喊著夭壽喲，趕緊抱伊下去。這時女兒聞到母親的胳肢窩濃濃的狐氣味，她有點醒了過來，但她決定暫時不睜開眼，她要這個總是壞脾氣的母親慌一慌。

後來是去了醫院，打了針，又花了銀子才回家。晚上她聽見母親在打電話，似乎拜託誰誰開的店多批發一些東西云云，伊會算真便宜價囉……

然隔天她醒來，以為母親會溫柔對她，但母親開口仍是說氣話，氣找唔到伊時驚得要死，氣伊感冒開錢，氣伊唔呷晚頓飯真浪費，氣伊爬上屋頂手腳的皮四界攏擦破……繞了一圈叨唸著，最後又回到花錢這檔心疼事才了結。

女兒在發燒中終是明白，以後千萬別想藉由生病來討疼愛。他們家當年沒有這檔事，母親所擔所憂都是白花花的銀子。家裡銀子才是主人。

沒錢的小孩是永遠都不自由的，遂女兒長大後，一直提醒自己，只有經濟獨立才能自由才能獨立，可荒謬的是這女兒卻又老

是活在沒太多銀子的閒晃狀態。

　　很多年後，女兒總是想起習慣撂下狠話的母親，但事後她都看出母親其實只是希望這樣的氣勢可以嚇走一些男人幫。久了，就成為年輕母親經典的印象了，就是這個母親已然遲暮且飽含病體看著電視不公不義的事時，這個母親依然是對著政府吐出幹字。

　　她是許多年後，直到自己也在社會工作後，才漸漸體諒了年輕母親的暴戾（雖然她最後一回挨耳光也很大了）。她藉由書寫慢慢回憶出一些殘酷的時光，殘酷時光又在情懺下還原了人被際遇鎖鍊強加扭曲所變體後的本體。

　　她的許多夜晚，在淚水裡洗身，並一邊讀著詩集。美國詩人安妮・賽克斯頓（Anne Sexton）自裁前裹上一件母親的舊皮衣外套，她成了自己的母親，也是女兒，母女合為一。「我願走進死亡如同走入夢境，沉入偉大母親的臂彎。」讀至此，他鄉詩人幫她完成了贖罪與告白。善意是和解，一如死亡的潰堤。

拜託照顧我女兒

　　女兒在某一天的午後出現在她的母親家裡，連同一輛卡車，車上載滿著打包的東西，母親聽見卡車駛進巷內的嘈雜聲打斷了她的午後盹夢時，她從打盹的沙發上蹣跚起身，正想開門大罵卡車吵死人時卻一眼見到她的女兒正在她那大背包裡探尋著鑰匙，她永遠袋子裡擱滿了一堆東西，像是隨時要到天涯海角似的。母親奇怪女兒和卡車怎一起出現著？女兒說她要把東西搬回來借放。

　　母親對女兒在台北的物件簡直是嚇壞了，特別是成箱成箱的書，比石頭還重，她一點都不覺得書好，且她懷疑女兒是愈讀冊腦子愈笨了。果不其然在所有的物件都落車進屋歸位後，女兒竟說她辭職要去美國了。說時，屋外正好打著夏日的雷光閃電，忽地老房子整間都暗了。母親像是被這雷光嚇得啞口無言半晌，但其實她是被女兒告知的消息所驚嚇。隨後她才想起這整件事，她氣著數落女兒（已經進步到較少用粗話罵了）說把那麼好的大報記者工作放掉，跑去美國做啥？妳有錢嗎？一世人撿角，和妳死去的老爸同款無用，喝西北風好了。一個女孩去美國，不怕被強姦？

　　從喝西北風到被強姦，這個做母親所擔心的事從務實的經濟轉到害怕女兒一個人孤身在外，做女兒的聽出母親還是愛她的。

　　都辭職了，學校和機票也都訂了，母親於是只能送行。她記得那晚他們家吃海鮮，是從外面大型餐廳叫的外燴，鮮蝦的殼紅豔豔地鋪滿桌，是那回印象裡的豪華記憶。以後女兒到紐約常吃

泡麵時就非常懷念那一頓海鮮大餐的鮮蝦。

　　機場送行時，女兒在排隊等著辦理登機。母親突然走到女兒排隊的前一個男人面前，女兒驚訝極了，母親竟然在她面前拜託一個陌生男子，指著她向陌生男子說：「先生，這是我查某囝，伊一個人頭一拜（次）去美國，可以拜託你多照顧嗎？」

　　那個先生回頭看了女兒一眼，女兒趕緊把頭轉向他方，簡直無地自容之感，何況她想自己早已是出國老將了，竟被母親說成如此低能。只聽那男人笑了笑，他低聲說沒關係，有需要我可以幫忙啊，不過看妳女兒沒問題的。

那被母親送行時囑託的中年男人後來登機後女兒經過走道都不敢看他一眼，抵紐約時，發現和男子排不同隊伍才放了心，男人排的是有綠卡的隊伍。要不這女兒心想真是糗大了。

　　但在那個異鄉入關的晚上時間點，她突然想要掉淚，想起母親拜託時的低聲下氣。母親從來都是多麼像帝后威嚴啊，哪裡會放下姿態求人，說來還不是為了女兒。而她當時很不給母親面子，生硬著一張嘴臉。後來拉行李進海關時，頭也沒回一眼，但她知道母親的眼睛定然貼在玻璃窗上望著她的背影，但她不回頭，她知道她一回頭心岸就潰堤，是回不得呀而不是吝於回頭。

　　果然異鄉和母親通第一通電話時，母親劈頭就是養妳這個女兒卻養成了烏賊，真不值。

　　為什麼是烏賊？女兒不解地問。

　　烏賊攏是沒血沒眼屎的啊，妳咁看過烏賊流血啊。母親說。電話那一頭有廣播的聲音，母親慣常聽的台語廣播正在賣藥，賣給暮年者的夢幻不老希望。

　　喔。女兒心想還真是荒涼得有趣哩。她想著白色的烏賊。

　　妳好就好啦，反正我也沒仰望妳，好在有妳哥哥，人家他們是真顧家的，哪像妳從來都像厝裡沒人教養，四界野耍。

　　女兒想，其實兩個哥哥也都曾經經歷母親的暴戾語言，只是

他們成熟且天生脾氣優，故對成長的辛酸舊往都能忘懷，她想是大家的成全造就了和母親相處的和諧。

發什麼呆，國際電話貴森森，掛了喔。

好，拜拜。

許多年來，女兒總想起那個受囑託的陌生人眼神閃過的一抹奇異微笑，像是他在機場見多了這種母女畫面似的興味感，像是非常瞭解又非常局外人的一抹不親不近的微笑。奇怪的空中飛人，老是在轉機狀態的人，這幾年她可見多了，但她卻非常懷念當年母親急切切地拜託一個陌生男子一路照顧自己女兒的樣態，當時是非常地唐突，但事後卻可能在回憶時引發熱淚盈眶的某種特殊畫面。

女兒想她是明瞭，並非自己不被母親愛，而是母親愛的方式是很情緒的，非常巨大斷裂的忽冷忽熱，捉摸不定，一陣大風一陣大雨，然後忽放天晴。母親大風大浪易過，而女兒是一點小浪小風就輾轉暈眩難眠。

懺悔是需要時間的流逝，流逝篩濾一些雜蕪，美化了幻覺，於是幻象連結到實體時，我們遂發現，往事並沒有那麼多曲折與難堪，甚至凝視往事的哀傷表情也覺得可愛起來。

然而親情懺悔來得容易些，說來道統的養育之恩總也還存在，至於愛情的懺悔，可能就只能一廂情願了。我們流失的愛情客體並不在乎我們要不要懺悔啊。懺悔也許只是為了一己之安然而已。

〈懺情者言 3〉

試探他人的不道德

　　寫到 3 是你，恰恰屬於你我的數字與命運， 3 是阿拉伯數字，是雙魚族指數，是永遠有第三人的隱喻。

　　我竟是終生都難以避免的數字。宿命的記號。符號化的生命檢驗起來很機械，但卻刻深了一種疼痛。

　　晨起的窗邊山景水色很清透，可以膜拜神且會得允諾的一種好神彩天色。沒有一片雲，連漪般的小片雲朵皆無，過度的亮，好在藍色足夠讓畫面沉澱下來。颱風前的巨風把四周的塵霾與？霧都吹散了，吸乾水氣，天色乾淨到可以在觀音山這方的我家目視到對岸大屯山的彎曲小山路，連小山路上的汽車都是肉眼清晰可見，有時汽車頂上反射的日光還讓我瞇了一會兒眼。淡水河跨觀音與大屯的兩岸，但因天光一片清晰無雲，以至於對岸聲色兜攏至窗前。我在窗邊啜著咖啡，感到不可思議。我瞬時有了對岸若正巧有晨起沐浴的裸體我也可以見到的幻覺感產生。

　　我和你之間早已隔絕著一片海洋，就像我和對岸隔著淡水河般遙遠，但是清晰的天色仍然可以一攬無遺兩岸之間。我忽然明白，我們之間的問題不在於隔著一片海洋或一座城市，不論距離遙遠或相近，而是我們之間的含混不清，從靈魂到事件、從肉體到際遇都是。

　　我們是怎麼變成這樣的？是我心層層密室太多，還是你鑰匙

不夠（或可能也太多）？你太相信我，還是你太不相信我？試探，是否應視為一種不道德的檢驗。像撒旦試探主三回，然主已肉身道成。而你我還在冥河路途。我是天真還是深信不疑。我實踐你的旅路，當初你定然要我出走，你說我得去看看世界，去泅泳紐約汪洋才能覓得自在，才能與你對話。然我在紐約叢林失陷墮落時，你卻自此關閉一切，只說我得自己走過來。

天使返鄉，聖殿不存。

我以傾城滅城之姿回返你我城市，然往事盈盈甜涼卻俱已轉成焚風毀林。

你曾說人禁不起試探，你卻要試探我。你要等我十年，可是等我何意我至今仍是不明白。是要我獨守空閨十載嗎？但怎麼可能呢？愛情可以不變，但慾望呢？你認為就這麼辦，我就辦得到。而我比你想像的還要意志薄弱，人情堪慮。

在出發至紐約時，我們曾經大吵，因為一場他者對我的臨別秋波。我當時即已感受到你只容自己有她者，卻不容我有他者。隔兩、三天我即赴洋，旋即我們感情再度受到挑戰。我疲憊了。應驗當初你說的話，愛情可以不因介入，只要疲憊就可以讓它變化。但變化是正常，質變才難挽回。本質的變就萬劫不復了。

但你不明白我從來都只是在際遇裡變化姿態，於本質從來不變。或許你明白，但你想也許這於我們都是一種出路。際遇幫我

們做了決定。

　　你當初大力推我至紐約慾望之都，爾後消失在我生命。像是好萊塢的推理劇，你有更值得等待的人在你的生命裡，我竟忽略了。

　　這麼些年過去了，我突然來到了當初剛認識的你的年紀。是以明白你的深沉與滄桑，但吾老，你也更老了。

　　我看見一個巨大的孕婦走過去，我像被駭了一大跳般。我總是很怕看見一些人，像是殘人，受虐兒，鰥寡孤獨者，還有孕婦也是。很怪吧，孕婦會讓我害怕，挺著那麼大的一個生命在肚腹裡頭怎不教我驚慌，甚且孕婦的乳房極端被荷爾蒙催發的膨脹，等著貪婪的宿命連結體吸吮囓咬……

　　而我懷的胎將不嗜吃奶水，他只嗜吸墨水。

　　孕婦從廁所走出，又艱難行過，手撫著肚子，安慰著胎魂。一點小動作就會讓我看得驚心動魄，好像懷胎者是我。孕婦表情有點悲傷，她的女友安慰著說男人都是這樣。

　　「關心他但不要甘心他（干預心）。」孕婦說她的男人這樣告訴她。我像個竊聽者，聽了心跳加快。

　　我想我若懷胎可能會失心瘋。為什麼寫這些，不曉得，情懺者

無節奏可言，因爲已經進入唸咒的狂囈抖動了。又或者我想寫的是也許我即使沒赴紐約我們還是會分離的，因爲本質上你愛家，你需要家的完整，你需要有兒有女，也許你不是好丈夫但你絕對是好爸爸。

而我是個畏懼懷胎的女人，我的子宮只會乾癟萎縮絕不會讓它膨脹，我的子宮像年久失修的老房子，無人受邀進駐，也無人想要進駐。招貼出租附家具的紅紙條也不會有人搭理的。

你播種在我的田地恐將荒蕪虛無。

我可是有錯（且有病）？

孕婦又起身如廁了，胎兒壓迫著女體不斷地先是嘔吐後是排泄……之後挖空，接著流失。幸運者不憂鬱，丈夫不出軌，高唱甜蜜我的家，我們由此開始……我竟畏她者一如敬畏我的天，而我希望那個她或是你的子嗣可以讓你有幸福感。

午夜想起你，我還是心懷懺意，所懺爲何，我也說不清，就像我們之間突然就爬上愛情巔峰突然就墜入五里雲霧的含混不清。

很快地雲還是飄來了，天光水色短暫地清亮了兩岸，像回憶起甜美事物般，甜美之後苦澀尾隨。

情懺者，踩過愛情的陰暗石階，一步一步地往香華繚繞之地

行去，愛情聖殿雖毀，但餘香暗香仍在心裡某個堅韌的暗處施放屬於你的氣味。

　　情懺者拜懺之後，還剩下什麼？只餘兩盞流淚的燭台，一只凝結在 1997 年的愛情報時鐘，一具製成標本的愛情木乃伊。模糊憂鬱的木乃伊，動也不動地躺在我的床畔一角，吐著微毒蜘蛛網，不論我的枕畔換了誰，木乃伊都冷冷凝視著。這麼多年後，我的枕畔只剩下一顆義賣購得的紅心絨枕、一隻耶誕熊，一個常常忘了上發條的音樂鐘……木乃伊常常爬上我的枕畔，睡在旁邊吐出你的氣味。

　　情懺儀式，把那木乃伊移出我的夢枕，以艾草除障，燃燒上沉，點迷迭香。自此你我兩岸沒有隔絕一片海洋，你已被我沉入一座失落的愛情城市，像鐵達尼號等著百年後被他人打撈……而我將微笑以對。

下卷 ❷

人　間

因為相信儀式的聖潔莊嚴，

逐有了生活甜美陽光的幻覺滋生。

——屬於母親的初一十五

屬於母親的初一十五

對於母親而言，生活的日常儀式是被賦予在每個月的初一十五。童年許多日子都期待拜拜，那意味著有許多的吃食。而日復一日的生活儀式並不存在，因為日子是以打拚的速度在度過的，只有緩慢的人才有準備儀式心情。而母親那個時代沒有緩慢，連愛情或婚姻都是快速的，十九二十噹噹竟已是老小姐日日心盼媒人婆來說媒，帶她走向新世界。那時候，一切都得拚個生死存亡。

唯一緩慢的事只有錢為什麼還不來。

除卻初一十五，家裡食物常是空空然，上學的我飢餓著，到校仍然飢餓著，返家仍然飢餓著，家裡沒有食物也沒有大人，我有過非常飢餓的年代，也是少數我們這一代竟然長得比母親赤貧少女年代還矮上幾吋的嬌小女兒，我像是莒哈絲的越南時代，生命的成長有一種被抑制的幻覺。也許該學大陸作家虹影也來寫一本民國六、七○年代台灣版《飢餓的女兒》，這裡的飢餓常不是貧窮，更多是因為遺忘，遺忘準備食物，遺忘給零用錢，遺忘小女兒還存在……

所以當我被記得時，我得感謝特殊節日的到來，節日到來有一種特殊氣息，像是傳染病，每個人都會染上綺異的熱病氛圍，這些對節日的熱病終於讓我媽停下一心在外想賺錢的腳步，她打理了一些食物在桌上，這時我會以為在作夢，感到甜美生活的不真不切。

若有吃不盡的零食通常都是拜媽祖婆的賞賜，若是祭祀大事，我媽會停工，她和一群阿姨們做夥搭巴士到北港的「朝天宮」卦香，返家後母親衣服背面總是被眾香雲集以至於燒得一個個小洞，

母親見了卻不心疼，說這是媽祖臨幸，有保佑囉。

　　拜拜儀式帶給她一生的希望，雖然她一輩子所祈求的事情，我想一定有許多都是背道而馳的，但她依然這樣地拜著祈著。

　　因為相信儀式的聖潔莊嚴，遂有了生活甜美陽光的幻覺滋生。

伊斯蘭的膜拜儀式

膜拜品：請著長衫長褲，白色最佳，包頭的方巾一條、《新糧 地糧》一書。

我在到處以穆罕默德命名的突尼斯或是地中海的馬爾它行走時，總不期然想起作家紀德，想起他就像我會因爲寫《異鄉人》的卡繆而去阿爾及利亞一般。

寫《地糧 新糧》的紀德在不斷的旅行刺激中，成就了他那些動人的篇章，幾乎他的文章已是某類文藝型同志的文本標竿，法令紋那麼深的嚴肅禿頭紀德卻是許多同志的精神導師。而我也是無論何時都會想要讀他的文章。

紀德最喜愛觸感所帶來的快感，「僅僅是『活著』就已使我感到無盡的喜悅。感謝的心使我每天都能再發現神。」

在此可以認眞思索神，也可以隨遇而安。看看駱駝，看看椰棗樹，或者有時在沙漠裡，什麼也不想，懶懶地讓細沙淹沒腳趾，把一棵橄欖樹當作椅背地靠著。遙望遠方。或是從旅店的窗外在有微風的徐緩午後，撥弄著自己的情緒，一種閒閒的況味，不受羈絆，或者開瓶酒喝到星辰爬上荒野天際。

紀德在〈旅店〉章節裡坦露著自己喝了易醉的酒後所帶來的濃睡，「也嘗過黃昏的陶醉，整個大地在思想的力量下動搖。」

或是朗誦紀德：「我年輕的時候，腦子裡充滿了雜種、騾子、長頸鹿……選擇的德行。」「當我醒來時，我的一切慾望都感

到焦渴，彷彿它們曾經跋涉過沙漠。我們在慾望與倦怠之間不安地徘徊著。」

　　一座城市連結一顆心的荒唐回憶，這是紀德的旅行啓示錄。

讚美真主的祈禱詞

在日日膜拜的國度，異教徒聽此唱腔卻有一種激情在體內發酵，真是十足讓人感到泣眩的祈禱歌。

祈禱歌從高高的叫拜塔以擴音傳到城鎮，有城就有它。高高如塔，老遠見到它，就知道要進城了。每天響五次，每次膜拜幾分鐘，尖塔上的傳道者用大喇叭奏出急切之音，聲音有如宣告著：「放下工作，來祈禱吧。」五次膜拜時間為天剛亮時、正午、下午、太陽下山和晚上。

我感覺太陽將要落山的那次，聽來最為聳人心魂。音若洪鐘，配上天色向晚的瑰麗，一種宗教不解的巨大神祕隱隱流洩竟是驅走了個我孤獨。幾千人伏趴於地，面朝麥加跪拜，天色就在那一跪一拜裡暗沉了下去，整個背後起了陣陣來自陰幽地穴般的涼風。

在祈禱文蒼涼唱腔傳出時（都是男性的耆老聲腔），那音量的厚度足以震撼人心。它像一種內在會發光的靈魂，但這發光靈魂也可能禁錮著某種頑強的教派堅持。

當我脫鞋入內，繫上頭巾，走進清真寺，旋即被藍色迷離幽幽的微亮光影目眩神迷，四周點著小燈與燭火。高頂高窗，大廳迴廊的藍綠色瓷磚萬計，連綿在視覺上如處舞台。藍色本身即有安魂之效，藍是伊斯蘭人民忠愛之顏。

我的疑惑是，上帝為何要讓中東子民如此頻繁於戰火線上？

他們的祈禱，神聽到了嗎？又現世的苦如何超脫？

此地的人類竟回返二次大戰的歷史邊緣，存在主義解析的是

人的可能無辜，但無辜卻造成無知，此地讓我感到一種巨大的生命迷惘。然因我是異鄉人才會如此迷惘吧。

當地居民活在對眞主的熱情裡與生之勇氣裡，他們總是攜家帶眷地來到清眞寺，贖罪懺悔，祈求健康、婚運的人都會在清眞寺膜拜，清眞寺就像義大利人的廣場，一天總要去個幾回才有社交活動。清眞寺旁有時會有墓地，但因潔白，不覺恐怖。紀德在突尼斯章節裡寫著：「在沙漠中不祥的月光下，墓場上彷徨的遊魂，赤著腳踏在青色的石片上。」

回教有不少戒律，皆屬儀式。包括一生朝拜麥加五次，一天向阿拉祈禱五回、齋戒、清貧、相信阿拉眞神等。每年齋戒依回曆並觀月亮定，若逢齋戒月赴回教國度，白天商店冷清，整條街空盪著，就是見到的行人也是無精打采的。日落後，整個城鎮才甦醒過來。

流奶與蜜在心中的應許之地

耶路撒冷的金蔥圓頂清真寺在我看來是舉世清真寺裡最光彩奪目的，但卻也是凝結著戰火無情的悲情地標，愛大恨也大。

無數住在郊區的巴勒斯坦人無法靠近清真寺，逐一天五回地爬上自家的屋頂，以膜拜這座陽光下閃著無比輝煌閃亮的聖殿。他們眼裡噙著淚光，尤以黃昏的祈禱最讓人動人。隔著以色列人的哭牆，兩個種族，兩個戰場，兩個斷裂。愛最大，恨也最大的地方。

一塊磚掉下來，都是世界目光焦點。而圓頂清真寺也是伊斯蘭教徒必然朝聖之地，烽火線上，他們的阿拉真神在此看盡人間哀歡離別。

通過層層的臨檢和披上管理員遞過來的頭巾才得以隨著當地教徒進入此寺，清真寺內部總是昏幽裡有一種極盡魔魅但又歷盡華麗蒼涼的空間氣息，教徒上下膜拜，釋出體味。禱告聲綿密，一個人的喃喃自語直通神的殿堂，每個人在此都是小宇宙，而清真寺是人和真神溝通的媒介所在地。

在圓頂清真寺似也可見到一些和解畫面，除了伊斯蘭教徒外竟也見到基督教徒。相傳大石是亞伯拉罕準備殺子以撒來獻祭給試探他的主耶和華，上帝知道後感其心，遂以羊來代替將被獻祭的以撒。代罪羔羊，代罪的羊在此被宰殺，留著可能的歷史血跡與遙遠傳說的命運之石。

「大雨來時，水全奔向山谷；屈辱的土地無力留住雨水，絕望的大地依然乾涸。」紀德在疼痛我的耳語。

我沒有看見代罪羔羊的石塊血跡，我是走出清眞寺時，才看見了血跡，仇恨的血跡。

　　日日膜拜儀式照常。

　　然屈辱的土地絕望的大地也照常。

　　此地只有乾燥與熱風的悸動，除此一切於我皆飄著死亡的凌厲況味，生活像礪漠裡的砂石般繼續乾涸風化了下去。流奶與蜜，埋在橄欖樹下的陰涼裡，存在心中的應許之地。

一雙進行儀式的手

這手勢，來自澳洲內陸原住民歷盡滄桑的一雙勞動者的手，光陰在手掌表面刻鏤著紋路細縫與裂痕。這雙手的主人名叫卡西迪，他正在試圖教我如何進行叢林煮食儀式的開始：鑽木取火，在此我被儀式還原成一個宛如洪荒般的原始人。

陽光下貼著黃土地的手謙卑而崇敬。手勢是複製的臉，只是手勢沉默，手勢不語，手勢無淚。

但手勢多情。

深深注視一雙手，一雙勞動者的手，於是所有有關土地的溫度、所有有關歲月的苦難與人生悲歡，即全部密織於此。

我追懷往日靠的不過就是一雙有表情的手。

皮膚的表面與手勢意涵

　　我總是想起一些關於手的細微處。

　　像是 W 的左手在開車時會伸出五爪張縮一番，讓涼風吹吹。像是他手上的皮膚出現的潮濕地圖，頑菌侵襲的表面一如 W 在現世的艱難。我一直記得他的手掌厚度如得溫潤的麵皮，興起時抓過來咬一咬，臉上會出現過度快樂的痙攣。

　　H 的手指戴著一藍戒。每個人都可以為自己的戒指定義成自己心中的魔戒，就 H 而言他的藍戒於他有一種安然且飛揚的姿態。如果有一天失落了這戒，恐將有如失去愛人一般。這手勢，總讓我想起關乎手的主人之情愛，當愛情被征服時，愛情也就消失如露水（或淚水）了。這手，也讓我思起關於手的主人之情緒，藝術家有如美麗的精神病患。被這手摩挲過的心將體悟到人大抵是善變的，人之內在也是充滿想像且難以描摩的。

這條日夜無盡的祈禱河

　　我是先見到這條河流才見到這座古城。一如我是先見到愛情的微笑，然後才見到愛情背後的悲傷。

　　黑暗之心充溢著瓦拉那西聖城街心，人影幢幢，像是不夜城般地擾擾攘攘，時間宛若不曾消失，夜幕降下但舞台仍在。意感通往恆河的窄巷石階濕濕漉漉，從白天到夜晚，人們涉入河水再雜遝於此，乾了又濕了，濕了又乾了，肉身和河水總是難分難捨。

　　恆河曾有一次沐浴過上萬人的紀錄，如此綿長的恆河有如一次下了上萬個巨大的餃子般，光是想像那個畫面就足以噎著我的想像力。印度人重視來生，恆河會讓他們的靈魂得救，這一世不好沒關係，把希望寄託給下一世。

　　一條河水容納的是無盡意，無盡的意念釋放到水裡，昇華成一個祈求的姿態，天可憐見，哀哀人間，無數眾生無盡煩惱。屬於這條河流的舞碼從未停歇，河水不止息，意念亦無盡。無月光的時辰，行於窄窄街巷，極盡目光之能事，方能辨清腳底那滑溜之獸畜穢便。印度人處在任何高壓狀態都是依然如故的面貌，何況是聖牛所泄之物於他們更是習以為常。習以為常，究竟是無感？還是如實接受？至少在印度人身上，他們對生活的一切似乎都是那般地如常，似乎再大的天災也都如過眼雲煙，雲飄過就飄過的泰然，讓這塊土地這條河流永遠吐納著不死的生息。白天，黑夜，步履在此雜遝，聲息在此轉悠，忽一轉悠，又是下一世了。

投生之悲，每一次投生即有一個母親，生生世世裡投生的臍帶未被切斷，直到佛陀的出現，示現了輪迴的止息，不生不滅的涅槃終極。

可在恆河的印度人趕搭的卻是輪迴的列車，人人搶搭著有冷氣的豪華班次，祈禱投生可以投到優越階級，不再當平民，當然絕不再當賤民，人人祈求來世得福報。恆河給予他們來生的幻覺，慾念投射的客體。

當恆河流過時，人們可能會期望它把這個城市中累贅的事物沖回泥土。這裡的房屋倒塌，人們溺死了，任他腐爛⋯⋯——E.M.佛斯特《印度之旅》

死亡儀式裡有金剛不壞之身的是修至涅槃境界者，在密宗一派極多，傳說皆美。有的死亡最後身體愈縮愈小，最後自體燃燒，三昧拙火，身體化成一道彩虹消失在空中，這是我聽過最美的死亡畫面。在道家和禪宗公案裡這類金剛不壞身之例為數不少。

在死亡儀式裡以西藏的天葬為著，天葬讓軀體重回大自然，不獨塵歸塵土歸土，還讓生禽有食可用，是格物論最高境界。

佛陀說人只有兩條路徑可走：輪迴或解脫。佛教深信因果輪迴，希冀藉修行以達涅槃。相信輪迴，於是後人祭拜，作懺，在

儀式裡素面相對。

　　印度人將亡軀沐浴於恆河，讓死亡之路多了流浪氣息，彷彿七魂六魄還在漂游浮流狀態，洗滌前身好上冥途。來往於聖城瓦拉那西的人們有的來不及走到恆河便死在途中了，死在恆河懷抱是印度人的死亡最終嚮往儀式。

　　恆河流域，燒屍體的工作日夜接續，青煙不斷，恆河上遊客如織。我在恆河上點燈放河，見燭火飄盪河面，悠悠如梵唱，恆河沙無數，眾生煩惱亦無數。在此火葬時哭啼的場面少見，死者的長子在河畔將頭髮剃光，並走進河裡沐浴淨身。

　　人間分階級，死亡儀式亦分階級，在已經內化成文化性格的種姓制度裡只有地位卑下的人才負責燒屍體的工作。至於有錢人和貴族階級燒屍體的木材全用檀香木，一燒可燒掉五百萬盧比；窮人卻五百塊盧比就可以打發了。同樣都是一把火，同樣都是一具肉身，結局也都是一樣灰飛煙滅，心的掛礙迥異因而儀式不同。

　　十一月的印度清晨寒意濃，有些老少遊民在街角燃燒著火取暖，人到現在服映著紅光，小一點現孩子則在火光裡打著瞌睡，一臉髒髒的，妓美的赤貧，讓人心疼。疲倦的婦人裹著曾經鮮豔如今已褪卻光澤的紗麗，一手托著嬰孩一手在火中取暖。

　　一路在暗中穿過曲徑，蜿蜒小徑幾彎幾拐，直到河水聲漸漸

淡入耳膜，腳下也愈往低處行，河階儼然在望，黑暗中目及小小微火在河中漂流，即使視野昏幽仍覺河床無限開闊，聖城人影交織來去，小孩子兜售著一小碟以乾葉所盛的鮮花蠟燭，感覺這些小孩像是終宵不眠地等待著來客，由於競爭激烈，稍打個盹就會被搶走生意。登上小舟，舟子離開岸邊，在船上點燃蠟燭，祈願之後，放水中流，禱音匯聚，天神諦聽，燭火在恆河悠蕩，眾人微火形成美麗弧線，在天未亮的黑黑河心飄搖某種類似的光亮希望，宛如沉默的天籟，這是我在印度曾經有過最夢幻最神祕的感受，也是最安靜最動人的剎那。

在恆河的迷霧清晨、介於冥界與陽界交會的剎那光陰裡，我腦海中湧現了許多的亙古情懷，思起《佛說無常經》的「為濟有情生死流」之語。

我就在生死的河流裡擺盪著。

然而我終究是頑冥的石，總是一再地發願，又一再地失守，是無比慚愧。

終於小舟漸漸駛向河心，離岸邊愈遠，方感覺了岸與岸的生死兩界。

十字架

遇過最美的十字架。教堂在紐西蘭南島庫克山腳下。

鑿空的牆，無窗無屏障，直接引進光線，十字架映著湖光山色，於是信仰無國界，唯美是真理，我跟著虔誠了起來。

行至教堂門口，我不斷回望這樣安靜至震懾人心的十字架。當我蕩到湖邊對望山色時，我才明瞭，這懾魂並非緣於十字架的意義本身，而是整個自然之景在我心中所形成的龐大明光，是這樣的景致引領我進入信仰，而十字架則是插入我心之黑暗。

我們都是被日子釘在十字架的小孩，早已生出一雙注定無法飛翔的哀傷翅膀。

印第安教堂

　　當正午的太陽開始移動後，從某個角度看十字架，十字似插進了如絨的藍天般。我這教堂是陶斯遺產區（Pueblos）印第安族的人生縮影之地：從出生的受洗到結婚、生子，再歷經死亡，重要階段都在此教堂完成。教堂之後即是十字架插在荒旱的墳塚，塚如丘，竟是片草不長的荒蕪，相映於白教堂的整潔純白，像是來自兩個地域，一如印第安的膚色血腥歷史和教堂的征服對比。

下卷 ❸

死亡之一

夏天的威尼斯沒有盛夏之死，只有無
盡的流動饗宴，非常地生活，因為生
活得太有陽光太過華麗了，所以冬天
的威尼斯顯得寒索了，當我獨走嘆息
橋時，或是望著海邊發呆時，不禁靠
攏死亡，想起威尼斯之死，電影裡那
個美麗的少年，而我突然成了那個懷
念美麗的頹唐老人。

　　　　　——威尼斯之死

從此岸到彼岸

吾居之所，八里左岸，墳塋處處，望之不盡。

近來前往八里渡船頭附近，忽見路邊原有的一排公寓及工廠平房被打掉了，突然視野清空，露出的一片空地後方是觀音山外圍，山色雖說不上翠綠青蔥，但樹林之姿在午後對岸遠方捎來的海風中擺動著枝葉，倒也讓人興起浮世悠悠之嘆。樹林裡是櫛比鱗次的墳塚，寫著個體生命曾有的死亡記事。灰灰的水泥拱起一方之地，或半圓或長方，墓碑是觀音石，以金線或黑墨鏤刻亡者姓氏，旁述有幾房幾子，主墓下方左右各立著皇天后土前院有土地公，土地公如古老時代的「鎮墓獸」護庇著靈體。這可說是台灣墳墓特有制式，在山野中滲出一種無盡荒涼的人間愛眷。

近看墓碑有的在長年潮濕境遇下已顯裂縫，濕土下昆蟲唧唧，在墓穴周圍爬蠕著一種宛如淚水般的愛撫，一種人間的相思孺慕之情。滿山遍野的白骨，因為注目才有了傳說。

感情，永遠是作品內容最初凝結的基調；儀式，永遠是作品形式最後呈現的姿態。

我在台灣墓地穿梭，從從容容，東張西望，我像是個追憶人與追墓人的姿態，而此「墓」已不再是死亡形式的外相語言了，墓裡不是枯骨，而是埋藏著血緣記憶的遺址，孤立在記憶的荒野上，感情源遠流長，遂反覆浸淫此調。

感情，收集，符號，記憶，影像，儀式，生死河界岸邊漂浮，創作者欲冀登上藝術語言的頂峰。從物件到心識，從大地景

恆河天剛亮前依然燈影幢幢。

到小細節，粗探形式冰陰且冷颼颼，細究情感陽火且熱騰騰，不斷排練死亡儀式，不斷凝鍊記憶場域，至此藝術已濃縮了台灣死亡儀式的集體火化氛圍，是藝術哀傷美感的極致文本。在青灰木然的青塚裡，我們尋找死亡所帶來的顏色，聞著記憶所飄來的氣味。破壞、收集、記憶、再現，在記憶呼喚中往往會丈量出背後的情感深度與沉澱出各種生存姿態。

這植基於地理現實與歷史記憶的思索是天上人間兩岸的深沉來回地擺盪的最終凝視呈現。一個墓碑拖著一個故事。凝結一種永恆象徵，墓碑上瓷磚有亡者容顏，鋪陳此人曾經活著的印記。

然而當代藝術潮流逼退了這樣緩慢的死亡凝視文本，但吾等之流的創作還是生生長流，即使撤退到邊緣仍想要兀自在黑暗中發亮。

詩人波特萊爾在《惡之華》如此地說「幽魂」：「當青灰色早晨來臨，妳將發現我的空位，冷冷的，直到黃昏。像其他男人以柔情對待妳的生命與青春，我，我願以恐怖支配。」

是的，我願以恐怖支配，這是一種讓人逼視臨終之眼的生命創作。冥途渡河，湍流緩急，懺懺人間，哀哀我思，地老天荒，終須一別。

死亡的寂靜與喧鬧

　　我所注目凝視的死亡是在現實地景中傳達不可見的心象之哀與情愫之懺，這和台灣鄉下電子花車或孝女哭墓的喧賓奪主之死亡葬典有了一個深沉與膚淺的殘酷對照。原本奠儀祭典的氣氛當是肅穆哀矜，然而展現的基調卻大有不同，和各國相較，中國人的死亡祭典是比較喧鬧的，嗩吶喧天，哀號跪泣，道音嚶嗡作響，或梵誦不斷單調放送。甚且還多了電子花車在喪車上載歌載舞的怪現象，熱辣女郎對著清寂的遺照熱舞狂蹈，生死兩相對照，無比反諷。

　　八里十三行博物館有一重要展覽是還原十三行人的魂埋死亡之姿與重現原始人的墳墓制式，「屈葬」的埋葬方式和將亡者之臉面向海域和某些南島語系的島嶼埋葬方式相像，像我旅行至印尼的馬那島的博物館時，發現當地人是踩直立坐蹲式入墓，出土的樣貌宛如沉思者的雕塑。

　　取材死亡儀式題材的創作者現今仍不衰，像中國行動藝術家吃死屍，英國展現屍體等等都是其一。藝術表達千變萬化，生存方式千奇百怪，死亡方式林林總總。

　　內容與形式，生存與死亡，肉軀與魂魄，天堂和地獄。人類對這樣的課題永遠有著不同的見解與對應的方式，於是一本生死書，在異質文化下就有了不同的臨終之眼來加以判讀。

　　生命是一條或湍急或緩慢的河流，從生的這一方此岸到抵達死的那一方彼岸，會是怎麼樣的一個擺渡呢？不同地域裡的民族、不同宗教所面對的死亡與來世看法有著迥異的見解，以致各

地的葬儀風俗也大異其趣。旅行，讓我不只是體驗活著的美好，偶爾也不慎就掉進了許多事物的生命終點站，其實在旅途裡，廣義地說，我們和任何一座博物館的文物或是古文明遺蹟的相逢都可說是和一場場死亡儀式在進行著新舊時空的交流與會見。

大和民族的臨終之眼

用全身心與物合而爲一，當心靈深處生出翅膀的時候，則蝴蝶的動向就可煥發出人的意志色彩。 ——班雅明（Benjamin）

死亡儀式是一種追憶，豔麗欲絕的紅葉不啻是記憶青春國度裡祭壇的聖品。

就是站在凋零紅樹下的那一刻，我才在發抖的黃昏裡聞到了楓葉的獨特香氣。

多年來，最嚮往的就是深秋時節赴東瀛，親訪楓紅的原鄉。秋天，日本北國，葉子已開始蠢動著換色上妝，以紅豔似血的絕美向我們拋下一個臨終之眼。

秋濃，晨霧的涼意裡爛漫恣散的紅黃，色彩誘人至極點，震懾凡人之眼。

變色，凋零，辭枝，和泥，腐朽，還魂。

對這些葉子而言，換妝的開始，就是渡向死亡的第一步。楓紅，一向是我們驚呼日本這個不可思議國家的熱門景致之一；在那樣的極致裡，我們才明白美麗的事物不是永遠的，在最美時死去，已是日本的死亡美學。漫開的紅葉，預告一個秋天的絕美，宛如枝頭瀝盡的最後一滴血。兩個月的楓紅，是比那嬌醉的櫻花長壽些，可以稍稍不疾不徐地出發，不至於似賞櫻般地繃著神經，唯恐錯失花季。然若是出發時機不對，也是無法覽山觀紅的。

北國的浪漫性格，從賞紅葉裡可以一窺，死亡和美麗相伴，

在最美時和塵世飄然道別。踩著娑娑低訴的落葉路途，是何等的心靈浮世繪。日本人賞葉，不只是賞葉，更多是在那綽約飄零的葉影中寄語愁緒。每年的十月，各式各樣的紅葉便競美了起來，依序由北而南似火燒蔓而下，穿著新豔霓裳，吟誦死亡之舞。賞景人，酌以美酒、佳餚，兼以吟詩、泡湯、採果。之後，櫻花上場，生如燦花，死如秋葉，日月輪迴，圓滿觀照。

這般華麗紀美的民族，有三宅一生是該當的；有川端康成、三島由紀夫，更是必然。大和魂魄，直接和生命逼視，日本藝術家一直有著迷死亡文本的傳統。旅人，則可做選擇，在旅途中生命輕重僅關風月。只消張開手臂，擁抱那歡躍季節裡的自然，而不做任何遐想。只需游移身體，品味那外放似蝶飛的繽紛。因為楓紅，淳樸的鄉野、高山、溪谷，以大膽之紅挑動旅人的心。紅葉霜林薄煙斜，人世真的有此一景。紅葉連著紅葉，步履連著步履，不醉不歸。連最豪華的餐點都名為「地獄釜會席」，地獄之詞堂皇上桌。

大和民族的臨終之眼是因為曾經流連那絕美的紅葉之醉，此民族的藝術因而也有一種超然的美，這超然之美甚至越過了安靜，直通天堂之境。

看看他們的墓誌銘頗堪玩味，像著名導演小津安二郎的墓碑刻著「無」字，連名字都不刻上去，這意味著什麼呢？是否小津認為死後一切名相不存，悼亡之書，後人也毋須寫了。

日本有很多的墳墓是專為死後無人祭拜者設置的，稱為「無

緣佛」，失根無人祭拜，頹唐野地經年，此皆屬無緣佛。一旦人死，大夥盡釋前嫌，遂無緣之魂，亦可稱佛。這有點和中國人將死亡的未婚女子魂魄收於「姑娘廟」一般，也是指向集體命運相似的招魂儀式。

死亡的多種風貌與儀式

　　在南太平洋許多的原始部落至今仍有燻屍儀式，家族的亡者
軀體擱於廊內，以煙燻之；有的則不掩埋，靜待時間的風化，風
俗奇特。像我旅行至峇里島的北方見到當地將屍體暴露在樹林
中，等待屍體風化。

　　風化也是一種儀式。

　　生存有多種風情，死亡也有多樣的風貌。死亡之後究竟還有
沒有靈魂，輪迴存不存在？佛教徒深信，但異國文化呢？旅行至
土耳其，當地朋友卻說回教徒並不認為人死會輪迴，他說人死就
是上天堂或下地獄，而人人想到天堂去，因而天堂很擁擠。也許
這話的玩笑意味多過於實質信仰。

　　陵寢是死亡儀式的具體展現，過去皇家貴族亡後入土要有陪
葬品，陪葬是一種對世間物質和愛慾依然不捨的眷戀，是以在世
的最愛都要跟著入土，妃奴財寶都是難捨的。

　　舉世震撼的西安出土兵馬俑，如此壯觀與雄偉，即是因秦始
皇死後還相信自己可以統理地下的王城，在地底稱王。盜墓行業
因而衍生。事實上要不是因為有陪葬的風俗，許多的工藝和文物
至今是不會被保存下來的；要不是因為貴族皇室為了展現外在陵
墓的威赫，許多的建築和浮雕藝術也不會被誕生。古人的私心和
雄心無意中造就了人類偉大的藝術光芒。現今許多的骨董物品，
不少稀世珍品說穿了竟是以往的陪葬品，伴著亡靈孤魂。

　　藝術過往即常是為了服膺皇室和宗教，而皇室和宗教又是最

原始部落的吹螺儀式。

重視生死的。

　　人類的軀體有土葬、火葬和天葬、海葬、樹葬，還有像印度人將屍體置於恆河的水流方式，死亡的祭典體現了人們對生存和來世的看法。老中國人說「入土爲安」，還相信風水墓穴。死亡的繁複也因而締造了人類的藝術奇蹟，像埃及的金字塔和木乃伊，至今仍是人類藝術展現和對軀體保存的極限之謎。而挖掘出土的埃及葬禮畫作，也是窺探人類古文明藝術之源。

　　中國人認爲身體髮膚受之父母，所以在嚴制慈制期間不剪髮也不剃鬚，關於這一點，埃及人亦然，像印度人也是到送葬儀式完成後才剃髮淨身，意義相仿，感銘父母賜血賜肉恩情。

　　木乃伊，是一趟復活之路。參觀羅浮宮時我最愛去的館即是埃及館，著迷於復活的民族，其實也是著迷於死亡，生死是一體的。

　　金字塔堆積而成的石階，石棺形的墓，靈柩上畫著一扇門，據說是爲了讓死者得以望見生界。墓門皆是用巨石做成，極重，因而最初盜墓者打不開墓，只好往下挖掘。古國皆有豐富的墓葬群，象牙、青銅、金銀、琉璃、寶器、玉飾、陶瓷器皿等。

　　最是恐怖的是以人陪葬。早在腓尼基時代祭神和陪葬即常用活嬰孩，在突尼西亞首都突尼斯一帶有早夭者墓園，進入那千年前的墓園，令我不禁打了個寒顫。枯骨成堆，小小石棺散落荒草，在注目中，感到人世的神祕。陪葬傳統在死亡史上是最大的殺戮，特別是女子總是感情主子的陪葬品，主子活不了，眾后嬪妃奴婢也全別想活了，此爲極權儀式之大惡。

西方的死亡儀式

罪惡，恐怖，瘋狂！── 蒼白的雛菊！
跟我一樣，妳不也是秋天的陽光，
哦！如此純白冰冷的我的瑪格麗特？
　　　　　　── 波特萊爾《秋的十四行詩》

　　聽聞以色列航空載著許多漂流異鄉想要回歸祖國的猶太人屍體之說，想像高空上飛行的屍體，穿越浮雲，穿過國際換日線，其意義其實是活者所認定的「返鄉」儀式。

　　猶太人認為死亡後軀魂定然要回歸耶路撒冷，因為耶路撒冷離上帝耶和華最近，死後得以復生。耶路撒冷是應許之地，夢裡幾回相思的流亡者渴望的死亡之所。

　　觀察耶路撒冷信仰天主、基督教一帶的墓園旁通常植有橄欖樹，傳說因為橄欖樹是主耶穌基督修行之地。此有點類似釋迦牟尼苦修於菩提樹下。

　　他們去弔祭墳墓時不帶鮮花蠟燭，而是帶一顆石頭，石頭不腐不化，永恆的象徵。

　　天主基督認為人死後有審判和復生之說。復生，和東方輪迴觀指涉相同，審判和「業」的效力相當，只是死後境界不同。

　　相較東方死亡儀式的華麗高亢，西方人的死亡儀式有一種聖潔之感，哀而不傷的聖樂相隨，教堂外，十字架的墳塋映著潔淨草皮上的花朵與高聳的樹木參天，氣氛少了死亡的慘澹陰霾，化

為簡單的一種對亡者的隆重。

回教世界的墳塋也是展現一種潔白氣氛，墓碑材質爲大理石，襯著不遠處的清眞寺，縷縷相續的《可蘭經》歌頌，莊嚴中氣氛獨特。回教世界的死亡儀式幾乎是以白色鋪成，白色是死亡之顏。

每回旅行總想順便看看當地人風俗習慣。其中有幾座令我印象深刻的墓園。

紐約華爾街附近的教堂街墓園是其一。墓園旁即是教堂，教堂建制典雅，墓石長著青苔，從碑文上可以讀出有的芳齡不到二十即已辭世，年代從十九世紀初至現代。這座墓園讓我感到特別的原因是因爲位置。墓園之外即是世貿中心、華爾街一帶，鎮日人影川流不息，西裝筆挺、套裝典雅的白領男女日日從墓園過，步履果決而快速。

只有流浪漢、老人和在這個大都會無所事事的人會在上班時間停下步履進入墓園。墓園旁有許多咖啡屋和購物廣場，最喜歡的觀看位置是選一家二樓咖啡館望向教堂墓園，身處繁華空間，魂魄則望向孤寂的一隅。生和死在那一刻於是沒有界線。從此岸到彼岸，人的身體和魂魄得以對話。

上／回教國度的死亡地充滿潔白之墳。
下／羅馬帝國時代的石棺，雕刻非常精
美，標誌一個帝國輝煌時代，連死亡都
輝煌，一種深刻的美感。

威尼斯之死

從傷心河來，那是從自我而來，不經由那裡我就什麼也不
是；我想從那兒作個說明，即使我是孤獨地站在人群中。

—— 惠特曼《草葉集》

在威尼斯我曾非常近距離地靠近戴安娜王妃，她，美豔動
人，但無自由可言。一個奇女子的死在多年後的巴黎發生，而彼
時我也在巴黎。

想起威尼斯，想起的人是一個消殞的王妃和威尼斯之死。

想起一件遺失的 Max Mara 外套。

想起去威尼斯之前去了梵諦岡最高郵局寄了信給那個此生最
愛的情人。

想起威尼斯嘆息橋終日哽咽，這嘆息橋所發出的幽幽之音如
死神優美的呢喃。遊走其中曾讓我想起土耳其南方某些沉在水
中的古老石棺。記憶有兩種，一種是暫時的，一種是永恆的。在
旅途裡特別清晰感受時光的流轉。

水都的美感有一種死亡的蒼白，蒼白到極致所飄散出來的華
麗感，特別是冬天來到威尼斯，咖啡座飄著雨，水有一種漫漶至
岸邊的茫茫霧霧氣息，午後陽光隱到烏雲後方時，獨坐在岸邊，
搖槳人孤寂地拉開唱腔拉出了天地的寂寥，他們搖啊搖地，竟翻
攪一城的落寞荒涼。是接近托馬斯曼的小說氛圍，是導演維斯康
提的影像再現，是接近塔可夫斯基的鄉愁。

較之於夏日喧嚷的威尼斯，冬天此地如死域。生之喧囂在此隱了去。突然在冬天懷念起夏天在此城閒走，有陽光的下午晃蕩在不知名小巷，看著街坊人家窗口布置和牆飾，有時會有豔遇之感。有時也不過是灰灰的牆面裝掛著立體的椅子，好像人們也可以像蜘蛛人般攀爬其上，只為了體會倒坐在牆上的滋味。

　　有時是鐵鑄的大門上鏤刻著雕花紋路，有時是海岸上擺置著隨性的雕刻作品，連此地的垃圾桶也都有可觀之處。

　　夏天裡的威尼斯沒有盛夏之死，只有無盡的流動饗宴，非常地生活，因為生活得太有陽光太過華麗了，所以冬天的威尼斯顯得寒索了，當我獨走嘆息橋時，或是望著海邊發呆時，不禁靠攏了死亡，想起了威尼斯之死，電影裡那個美麗的少年，而我突然成了那個懷念美麗的頹唐老人，歲月瞬間恍然匡噹地打碎了一地的燦爛與腐朽，幽滅在瞬間的岸與岸間徘徊。

　　一個遲暮又華麗的生死瞬間發生在威尼斯，滅絕在嘆息橋上。晚風乍起，異鄉人突然聞悉了下墜的荒涼感。

　　而那有著太過風情符碼的擺渡人卻還是一逕地在拉響著嗓門唱著義式的熱情歌曲，宛如昭告著不論死亡時刻是否在側，生活哀歡總是行進其間。

　　這一切城鎮的河流看得最是明白啊。

　　那一刻我似乎聞到了張愛玲骨灰撒向海面的氣勢。雖然她的遺言是要撒向荒野，但我以為大河大海和荒野其實是相同的，它

們都是遼闊的，通往的是無邊之境。

　　無邊無盡頭，若有盡頭，更大的世界在為這樣的餘生發光靈魂升起。

　　想至此，如死亡寂靜的孤寂充溢我心，熱淚突然如濛霧溢出了岸。

　　屬於自己的死亡儀式，吾尚未找到，也許該魂埋大樹下，魂埋會開花的大樹裡，化作樹魂花魂，以償還這一世出書用了太多的「紙」（作家曹又方亦曾有過此念，作家原罪的心仿似）。紙說穿了是樹的死屍，是具體而微的屍體展現。至此，我不禁想著，其實書寫者不都是在寫死屍嗎，寫記憶的死屍，寫愛情的死屍，寫感情的死屍，寫童年的死屍，寫理想的死屍……創作永遠是不朽的悼亡之書，和生死無分無際。

著迷於復生的人

　　老覺得埃及人總是活在老祖宗的生死簿裡，埃及人到現在都還在靠老祖宗的墳墓來發點財。羅浮宮埃及館，多龐大的死亡客體被移植到一座文字無法比擬的巨大皇宮。遊走羅浮，童年時家裡掛的一張拿破崙油畫肖像突然像活過來似地直撲而來，如列車轟然駛來，趕緊找個位置坐下一歇，後來想是被巨大的展覽館與昏幽的埃及館給下了迷藥地暈眩。

　　復生，是死前的來生想望，和輪迴不同的是復生多所期許自己的再生處，不若輪迴較空茫無知，六道輪轉幽茫不知所終。而復生不是如此，復生幾乎是此時俗世的彼方再現，充溢的是亮的色澤，肉體翳隱靈魂熠出光，在兩端裡有溝通的媒介與儀式往來。

　　復生儀式，首重對亡體的處理方式。以香料和防腐劑實現人們對來生幻想的可能。

下卷❹
死亡之二

我們穿越歷史，卻不介入歷史，我們是這座島嶼的局外人。

我們寫作治病，卻加重了病情，我們是這具肉身的徬徨者。

　　——最後的人間相逢

譚至剛（中）和顏正國（左），是我出社會時
遇見的少年，但也是最不安的少年，讓我這
些年非常懷念的少年，記憶永遠凝結在他們
的青春時光裡。他們不老，是我老了。

少年。不安

　　童年時，總是參加父母上一代的葬禮，從祖母外公叔公伯公等一路參加了下去，中間出現兩次的葬禮是越過輩份的死亡，那是我小舅舅車禍身亡和我父親的猛爆性肝癌的死亡，他們間接催化了我的無常思維，也讓我自此的人生陷入一種無以挽回的哀傷體質。

　　當然我也知悉死神不以年齡順序揀選人，而以連祂都可能不明白的節奏進行這類陰差儀式。

　　南方葬禮轉化到台北葬禮時，我已老成，就像時間催化我們長大，而我們的長輩已然在老化，亡者大都是同輩友人的父母輩，隔代的感情漸漸消失或是已成事實，我的朋友年過三十後逐漸接受父母那一輩的凋零，我是父親亡得早，倒也習慣父執輩者的往生。

　　我第一次面對台北城市第一個極為年輕友人猝然死亡是在剛畢業未久時，在電影公司當製片助理與劇照師時，認識了譚至剛，他演過陳國富執導的「國中女生」和徐小明的「少年吔，安啦」。「少」片是講述少年的悲劇，譚至剛和顏正國主演，顏正國就是侯孝賢早年拍戲的主要童星。

　　當時這部電影的本事還是我寫的，寫得非常青澀，但也就付梓了，反正我們當時這一狗票人都是廉價勞工，從幫製片買便當洗毛巾到算帳都含在內，勞力被壓榨就算了，連彼時未開發的智力也被壓榨，從電腦打字到寫文案到找贊助廠商到拍照，也都是當時該做的一部分，而月薪是一萬五，後來勉強多了三千元，而彼時我的同學多數在廣告和媒體，月薪是四萬多起跳。當時台灣

錢淹腳目，我的日子卻無錢可淹死我。

「少」片殺青後，兩個主角真正的悲劇卻才開始。先是顏正國因毒案在身入獄，接著傳來更驚懼的是譚至剛墜崖。事發時，我已經徹底離開失望也不合我個性的電影界，剛剛到報社，先試做三個月的影劇編輯以練習新聞感。豈料就在編版時竟就編到友人之死，一個十七歲少年，譚至剛墜入山谷的死亡事件。我很想做大那個新聞，然而上頭說他沒名，小一點就好。最後消息小到只有幾行字，我辛苦所想的哀悼標題也派不上用場。

彼時我編版完走在凱悅飯店，想著譚至剛的樣貌，他常騎摩托車載我，故意喚我「小公主」，我拍很多他的照片，神似混血兒。卻未料他成了我編新聞時的第一個死亡事件。

身高頗高的他在墜谷後，身高被震得壓矮了，其母親認屍時直說那遺體不是他！不是他！他沒那麼矮。而我當時在吵鬧八卦的報社藝文中心卻無法動彈，久久地，沉默，悲傷。

譚至剛，我很懷念的一個少男。而顏正國當年入獄，一切後來的發生如電影情節預言般地讓我惆悵。少年很不安。

太遠與太近

　　我們趕赴不及的儀式太多了，就像從來沒有參與（或知悉）的歷史在個我上算不算歷史？我去紐約時，缺席了所有關於故里的歷史現場，於是看到舊報紙或是聽到不曾經歷的故里消息都有一種隔離感，是以太遠，總覺也許不是真的。我所缺席的 1995-1997 之間，多少提筆者登上無岸之河自此人間不回頭。我都是聽來和看舊剪報的，關於張愛玲、林燿德、邱妙津之死。好遠好遠。太遠都是因為缺席，缺席者哀傷雖有，卻無劇痛之感，因為距離。

　　有一種距離更詭譎。友人在深山多月，隔絕於一切資訊。某日漂流溪水沖涼，前方溪水漂來一張報紙，她打撈起報紙，一看是邱妙津死訊。她的學姊。像是上帝帶給她的訊息，山風水涼，她背脊起了一陣冷。這是近是遠？

　　有一種距離更迷惘。友人的友人來到巴黎，打算落腳蒙馬特一帶，住進去某房間後，某日得知是邱妙津的死亡居所。頓時他感到心臟一陣痛，紅血滲出的意象漸漸蔓延至山丘，把白色的巴黎染成了紅潮的慾望苦海。這是近是遠？

　　417，我在參加完你的葬禮後，獨自驅車在鬧哄哄的假日城市，補充我下午過慢的咖啡因，雙份濃縮，無奶無糖是謂黑水之黑。那是個奇怪的天氣，我當時以哀傷刺痛的雙眼抬頭看見靈堂的屋頂繪著無數的白鶴，也瞭見中式建築鳳簷的尾端連著天，無雲的天，卻灰濛濛的，一抹陽光正企圖撐出罩在上方的雲朵，以致產生

了讓我發眩的暈光。隨之，你被抬出，法師要我們迴避，我無可迴避，遂盯眼看著你被抬出，那黑色的小小房間像是長長陰霾不開的冬日，你在裡頭，肉身最後的居所，那麼黑那麼黑，黑到你的臉完全成日蝕。你好瘦，被空氣吸乾了所有的水分，你的皮膚化著咖啡色過深的膚底，你第一次上妝，像煙褐的妝企圖遮住全面撲息的屍斑。你闔不起的嘴，讓我看見那牙齒的完好甚比你軀的完好。

接著你等著被火化。

夏日在火化過後來到這座你曾經生活的城市。

而屬於肉體的艱難才開始。

不知怎地下一個意識我的眼前竟然浮顯了一個嘔吐的男生，連坐兒童樂園裡的旋轉雙人咖啡杯都會嘔吐的蒼白文藝男生。甚至比我文藝氣息還濃上幾倍的男生，端然在那麼簡易的旋轉咖啡杯停止後就吐了起來，在我存了好多錢所購買的淡紫新球鞋旁邊吐著噁酸黃的酸水。我在那灘水裡看見了生命與愛情的終端樣貌。

我早該在你的葬禮時想起這灘吐出的口水的，但是當時我一心唸咒語迴向你，一邊仍受你的死亡樣貌之震懾與體內必也萌發之深沉哀傷。

好近好近，近至看見你扭曲的嘴角依然在對世間發出某種低吟的吶喊。好近好近，近至看見你高大的身軀逐漸縮小縮小，縮小到宇宙的龐大黑洞。

曾經參與的歷史時空，就是再遠的流逝或供奉在最內裡的風乾

角落，也都是隨時可以取下來回味的。好近好近，連夢都在枕畔發出氣味。

　　人類有一半在哭泣。普魯斯特因為悟出這個道理而感到惱火。你呢？

致為革命消殞的理想奢華者

　　我第一次見到四十三歲時被槍殺於台北的您之肖像。戴著金細邊的眼鏡，氣質一股巨大的凝視，我的目光像是被黏住在影像了。可惜那是調閱來的，我沒翻拍。

　　接著我在警備總部調閱資料，第一個死亡名單浮上眼前的是您，鍾心寬。那麼大氣卻福薄的名字，爲了理想而被異黨像豬一般地運到台北跑馬町，斃命，屍體荒蕪，可能連同島嶼的濕氣腐蝕於泥地了。

　　我們剛剛給阿太遷葬入塔，阿太，我的曾祖母，也就是您的母親，因爲您而眼睛哭傷的女人，最後一眼您們在斗六車站告別，有通靈體質的阿太已經看見您身上有個孔洞不斷地溢出血水，而您仍笑說到台北會買好吃的回家與買書和文具給小囝仔們云云。

　　近年，我從您的死亡獲得了一些錢。戒嚴時期政治案件獲得平反，叔公您和我祖父等人的後代都有賠償，人丁多，到了我分得七萬多元（因父歿，子女代領）。我領到錢時，感受到的不是數字，而是那個時代的理想主義者被無情的踐踏與瞬間凋零。叔叔因爲您不能當警察，姑姑因爲家境差沒讀虎尾女中，一堆連坐罪都因您而導致了像是個寡婦村的寂寥。但您何其無辜。

　　何況許多沒做什麼者也被定罪了，都是因爲當權者爲了爭功的胡作非爲。

　　我在中山北路的「財團法人戒嚴時期不當叛亂暨匪諜審判案件

補償基金會」（眞是長得很的名字）辦公室裡等待塡單領錢時，注意觀察著來此的家眷表情，當然，細微處是看不見心情的漂浮，每個人只想趕緊拿了錢就走。

在那樣的辦公室裡，在匪諜字眼下方的塑膠椅子上端坐等待，我閉目刻意想像著自己是山寨主女匪頭。我看見您的逃亡，跳下溪水，往前如鯨魚奔去。岸邊擱著您的眼鏡，您的書……我拾起讀著，感到珠晃玉搖的一陣暈眩。一個刑警靠近我問我狼有沒有朋友……我抬起我的小臉，尖叫，一張狼臉撲前。

突然有人搖了我一把，我打了個冷顫睜開眼。小姐您幾號？隔壁的一個老太太問。

我疲倦地看看號碼牌。輪到我了。

我像被催眠般地打了小盹。

領了一張支票後，再也沒有到過那間奇怪的台北辦公室。之後我寫了一篇〈心寬的年代〉紀念您，得了傳記文學獎，又有獎金度日，是您的保佑。我想，也合該是走到歷史傷口的彌合時間了。

把我和您隔開的不是歷史，而是際遇。

生命恆在黑白兩端拉扯。

致和妳的那些異鄉日子

　　不意間，聽到Leonard Cohen，他那詩意深情又悠遠的嗓音吐出：It seems so long ago. Nancy was alone……We talk her she was beautiful. We talk her she was free……See her everywhere……She's happy let you come.

　　不禁潸然淚下。這是柯恩的「Seems so Long Ago, Nancy」，真是道盡我對妳要說的話。Nancy，南施，似乎真的很久了呀。

　　好個美麗的失敗者，柯恩。

　　Nancy，妳是孤涼的失敗者。我怎麼樣才能忘記妳？一首歌就把我帶到和妳生活過的世界，那麼容易的記憶呼喚。

　　自妳飄然自裁辭世以來，自此1996年的紐約是我生命裡一個寒冷的地標與年份，我無法忘記我們對話慰藉感情失落與異地失歡失溫的日子，那些日子異鄉女子的孤旅充滿險境，充滿顧影自憐，充滿鏡花水月。我時常在夢中見到妳在床邊手持玫瑰花等待復等待。孤燈長伴孤寂被枕。窗邊夕霞已然蒙上紅豔，倦鳥雙雙歸巢。而床邊的妳，相思的淚水卻已漫漶至腳邊了，夕照如紅血悄然渲染白色床單，愛情的凶險在於不知所終的等待與椎心的妒火燎原，於是死神在暗處企圖掠奪妳的身魂。妳這樣地走了。那夜，看著妳穿著紅衣裳飄然離去，希望妳有足夠的熱情來度過漫漫長夜的孤涼。

　　在彼岸光陰裡，我在夢中因為想到妳死亡的痛，身軀也跟著如焚燒熾熱般地神傷，化身成糾結的赤裸女體，我們連上了線，幽冥兩界，雖有一條如光劍的黃光阻絕我們的身形，可我瞭解妳的

致Nancy，我在紐約雪地，妳為我拍照，和我最後的
交誼同遊。妳臨終之眼所看出去的白雪是何等的蒼涼
之景，而我又哪裡知曉妳看著我的是一雙即將闔起來
的眼睛，那是一雙即將墜入黑暗汪洋的眼睛。

意念，妳的不甘不願，我撫摸妳疼愛妳，盼妳寬下一切。我在妳的相思之墳，獻上如陽光燦爛的綻放菊花。此菊花之光，陪妳也陪所有因失愛失歡失溫的女子走過情愛幽谷的一路荊棘，願終能以自己來圓滿自己，己身即完整。

致同輩友人小說家袁哲生

　　因為距離拉開彼此，我們遂寫信。因為那無法以語言述說的誠實或無法面對的難堪之類的狀態浮起時，我們需要寫信。

　　但對方收不到的信算信嗎？

　　以前老師教我們信封用「啓」，明信片用「收」，但卻沒有教我們寫給天堂用哪個字詞。無形者如何啓如何收，也許該用「感應」。

　　這些夜晚，我坐在沙發上看著河水發呆。我坐的這個位子你曾坐過，和你的妻來到我家，那晚有難得的聚會。再有一回你說好要來，但是前一晚你因公司尾牙喝了點酒結果警察攔檢，駕照被扣，聲音有些沮喪，但旋即又回到原來的聲調。

　　時間很快，我們這一輩的說認識算數都有九年了。未料的是時間不再往後拉長，時間被烈火吞噬，換回布滿塵埃的角落，一堆我們鮮少去清理碰觸的蒙塵記憶。

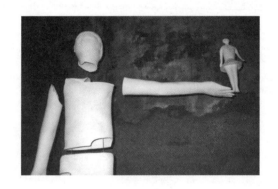

最後的人間相逢

　　現下每回經過市立圖書館附近的金石堂文學書房都會想起你。最後一次不意見到你是在此地，一些作家和一堆不認識的出版人在此空間幢幢移晃，我們這一代人都少長袖善舞的能力，多是微笑乾笑或苦笑地縮在一角，或有時有點無所適從地遂彼此亂聊瞎扯。我見到你的臉色並不佳，遂問雜誌事務定然很忙，要你別放太多心在雜誌上。後來我們一同走出書店，一同去建國南路橋下取車。

　　橋下的停車場總是蒙著有鬼魅般躲藏的昏暗近黑，就是幾盞白日光燈掛在水泥橋下方，有幾盞還閃滅著，遂使得你行經時臉色有一種忽暗忽亮的慘白，就是亮也依然是慘白的色溫，像是日光燈在某種底片裡會轉成綠光般。

　　各自轉到取車處，發現我們停得很近，我的車老舊發動後等著它漸熱才好開的空檔，我覷著你的車尾發亮地駛離慘白的停車場。

　　我想你也在後照鏡看了我一下。那時我難過著，難過的原因是看到我們這一代的創作者常會興起的感慨情緒，那情緒並不需要有什麼真切的事件發生，當時也覺得彼此都過得正常，雖然誰也不曉得什麼是正常。反正還活著就是，但卻不論活或死都有一種悲哀，是在這座島嶼作為一個文學作家的緊隨悲哀。

　　那一晚我們簡單地在取車的路上聊了一些事，但也都輕飄飄的。

　　未料這是最後一面，遂使得我們說再見的畫面老是重複播放，

現下我只消經過建國南路停車場就會想起你或者行經一座書店。

　　生前寂寞聲名靜悄悄地，死後卻如活過來似的各媒體紛紛以昂貴的版面介紹及紀念你。總是要到死後才能證明有活過，真是奇怪的儀式，生如死，死又如生。是這樣的寂寞。

　　包括，近幾年，同輩友人的早凋，已成為心口的痛。

　　先是好友南施，繼之友人作家國峻與你。你們皆採自殺亡歿。南施自殺時，警方從電話簿裡找到我，此事件驚嚇許久許久方除。漫漫流年過，突然國峻與你之死，又再度劈傷了我的心。尤其是你，交往是常有的，傷痛遂也很具體，具體的瑣碎。

　　請原諒我述說你時，是那麼瑣碎，瑣碎是因心緒太飄搖。而我的念頭總是飄搖，遂書寫的瑣碎細節成了我的主體與情調。和你聊過的，雖然你要我簡潔，但我還是忠於了自己。有些事總是學不來。我這樣一說，你就懂了，就好像你有很多學不來的世故一樣。

　　我們穿越歷史，卻不介入歷史，我們是這座島嶼的局外人。

　　我們寫作治病，卻加重了病情，我們是這具肉身的徬徨者。

墓誌銘

　　小說家你，曾在我倆都還在報社工作時向我邀稿寫自己的〈墓誌銘〉，我從凌亂的工作桌抬眼看你，你的後方是印表機，記者編輯樓總是起身走到那裡拿稿，「誰的稿啊？重複印這麼多次……」總是稿來稿去，開放空間任何大呼小叫都會刺痛我的耳膜，我笑著看著你，前方的白色燈管恰在閃爍，你的臉黑黑的，我看著你手裡提著包包，你是要下班了順便經過對我說了副刊正在進行邀稿的兩百字小單元。

　　我笑說好，我想想，但我知道我眉頭蹙緊了些，在那樣制式的報社雜亂環境，太認真思索是很頭痛的，何況我的椅背後方坐的是成排的影劇組，他們最常莫名尖叫莫名癡笑，電視新聞永遠開著，聲浪永遠要大到舉世皆知他們當日所得來的八卦般之激昂不屑且尖拔。那一刻我總想：「我怎麼會坐在這裡？」的奇怪荒誕之空間並置錯亂感。

　　你給我一張發表的單元範例，然後說寫看看喔就離開了。在我前方的燈管閃爍得更嚴重，剛才你高大的身影遮了些刺眼的光。我真希望你一直站在那裡為我擋那刺目的光，但這是愚想。關於墓誌銘，我還是沒寫。因為我私心以為最好的墓誌銘是小津安二郎墓碑上寫的「無」字，連名字年代等等都闕如，回歸大荒野地。兩百字，太多，一個字「無」就夠了。

　　庫克船長的墓誌銘是「世上無他不敢做的事」，我想這太狂妄

自大。亡於希瓦瓦島的畫家高更墳墓前有「死亡女神」雕塑陪他。墨西哥畫家芙烈達卡蘿死前說：「願不再重返人間。」鋼鐵般的溫柔玫瑰，是受盡人間愛慾身苦。有朋友說他的墓誌銘要寫著：「這是一個爲眞理受苦的人。」這話聽來感人，但其實是溫情主義的自憐陷阱，既爲眞理一切就是坦蕩，也應就無受苦可言了。朋友老覺得他對別人錯，也是某種眞理障礙的頑固。我鄉下的失心瘋受苦女子在分娩而死去時我曾想爲她寫上：「聖 瑪麗亞」。

巴黎有蒙帕那斯墓園，一群作家魂埋那裡，我想入夜他們定然還在聚會聊天激辯狂笑，或各自囈語，以另一種幻覺型態存在另一個無法目視的空間。像莒哈絲說的：「我就是死了，也還可以寫作。」

你突然走了，總會想像你漫長從停車場到達那棵靜止的樹的路程你在想什麼？那離死亡之樹還有那麼一段路呢，竟都無以讓你終止這樣的自裁滅絕念頭？是以此爲多堅決的赴死之途啊。

屬於你的墓誌銘，我忘了問。不過你早已隱身在小說裡訴說了，是《寂寞的遊戲》最能傳達。

聽說你現在落腳北海福座，我去過那裡，是個可以聽到海聲之高點，曾經在我年輕的時候和情人去過那裡目睹落日幾回。穿過一些海邊荒涼的村落，目睹老人的黃昏淒涼，目睹小孩的野氣潑灑，

目睹曬得紅豔的熱情青春，目睹渾圓夕色掉入海床，紅染了江河，黑進了我心，情人在側濕抹著身。海風乍涼，後方碉堡隱身著迷彩小阿兵哥，荷槍悄覷著岸上的夏日戀人。情人後來成為那個阿兵哥，入伍等於是某種階段的死亡與向時光之色的揮手告別，連帶地我們一起告別了青春遺事。後來我明白，男生入伍的儀式總和告別戀人扯上關係。

而你就在那裡，那個曾經魂埋著我青春遺韻之地。

這天，我特地驅車去看你，夏日炎炎，雷聲在遠方彈著，北海的瞬間黑浪湧動。整個福座頂端籠罩在夏日密雨厚雲下，我恍然見了你。

但其實我無法目睹你。

台北沒有蒙帕那斯墓園，我想你是孤單的，我們都是孤單的。一直都是。

台灣只有姑娘廟，族群劃分竟是以已婚或未婚，如此簡化地類別了「我是誰」。我媽說姑娘廟陰幽，未婚女子常如無主之魂，她在我少女時就端出這樣的死亡記事恐嚇我要多打扮才嫁得掉的理由。

誰說我們無嗣？作品就是我們的己出。

我想我們都適合小津安二郎的「無」，只是我們的「無」沒有小津式的自律與自坦的明明白白，天地在其胸壑。而我們的無，也許可說是時代之無，是隱含更多虛無、荒蕪、空無，無所能無，也就是空到了極致，或可說呆無。

一個寫作的預知死亡

哀悼物：馬奎斯某絕版短篇小說集、《百年孤寂》，袁哲生《寂寞的遊戲》，一盒捲菸、火柴。

一早，我尋找馬奎斯，被借走的馬奎斯，絕版的馬奎斯遠景版短篇，想再讀〈預知死亡記事〉。我在窗前等待無以比擬的豪大雨來襲前想著馬奎斯究竟身陷何處？通常跟隨戀愛轉移而導致事物流失是難從「淪陷區」討回來的，淪陷區通常已有他人的位置了。我想了很久，才想起馬奎斯是被年輕時期一個短暫戀人 L 借去，一借不還，我們也早不聯絡。但因是心愛的絕版之書，今日我又非常渴望它，像是渴望毒品般的非要不可的渴望。遂透過朋友到淪陷區打聽打聽馬奎斯的下落。介於我和 L 的朋友榮哥，後來回了話，說書被 L 也借給他人，他人也沒還，於是馬奎斯就不見了。

說得可輕鬆，這 L 真不經心，借時早就說要還的，提醒他絕版書。還是沒用，我甚至認為他也沒讀。

關於被借走的書是注定不可能還回的。就像寫的書在消費世代也差不多是死寂的一般。

書寫是通靈紀錄或受挫筆記，專擅無以排遣的感情書寫與沒有出口的焦慮寂寥旅程。

馬奎斯預知死亡記事徹底無法歸還的午後，我很睏。戴上飛航時用的眼罩，我打算讓黑暗引領我進入馬奎斯的魔幻獄域，或是發生沉沉睡去的絕佳情境也是一種替代。

一個因死亡而靠近的靠近

通常是聚會過後，底層莫名的或是師出有名的悲愁或者是哀傷才會點點滴滴地四竄流洩出來。似乎方才的聚會是一種快乾漆，把心的淚囊裏上一層保護膜，防堵某種不知名的憂傷乍然滲透，聚會於是可以瞬間抓漏，抓住心的習慣哀傷漏性。

然當我才轉身，從溫烘烘的聚會轉身的那一刹那，往黑幽幽的停車場行去，一步步走向張愛玲式的無光所在時，我明顯感到方才的聚會餘溫尚裹在身體的皮膜，但淚囊在企圖爆炸，心自此一轉身的孤獨時間點狠狠不知所措地下沉了，於是歸家的路途突然就陷在打撈一顆漂流的心的複雜情緒上。

那方才的聚會全然無影無蹤，是以心的特效藥瞬間流失，是以我終是明白聚會對自己的無所用處，且竟因聚會的溫度更增某種個性本質的孤獨感。

寫作同業在吾輩好友兼同業袁哲生選擇歿路行之後打算發起「自救」系統，聚會除了思索替哲生後事發起某些持續性的文學同盟或基金會的諸多想法外，也希望藉著不定期的關懷打屁聚會以防堵後續可能發生的哲生效應，大家都深惋在國峻走後就該做的事卻遲遲沒做。

就在我們幾個文友簡略的聚談之後，我們彼此鼓舞地轉身告別。屬於傍晚的夏初的粉色的橢圓的夕霞在忠孝東路四段前方遊蕩，光的四周飄著濃濃的不真浮塵。

我是短暫聚會裡最後走的，我站在聯合報大樓中庭看著我的優

秀認眞同業做三方向流散，蔡逸君往東行，駱以軍和張惠菁往西走，吳鈞堯往中央車站站牌踏去，而我還在定點東張西望，在這樣奇異的人事時空下談著友人哲生的離去與在世種種，不捨地談著談著，於是屬於五年級所上不連四年級舊式體系且下不接e年輕世代的網路系統的五年級夾心餅乾自身身世的極力脫困便顯得重要起來，我們似乎想藉著這樣的無奈發生，企圖為自己加點油且思考為後代的文學創作者做點什麼。

但我興起更多的卻是關於萎棄與腐蝕。

我們這一輩崛起九〇年代（中後期）者有一種非常奇怪的特質：我們從未經歷文學整個世代鳴唱的那種風華也未經歷文學開花結果的收成歡唱，我們是一出手文學花園就萎然成了廢墟狀態，班雅明的新天使且從未來到，我們是斷翅飛翔在文學浮塵四溢的虛空裡，各自出手，各自過生活，總有個沉重的現實世界在底層裡作祟著我們的深沉哀歡，但在社會裡我們又尚未成熟到足以有勇氣接納挫敗與匱乏。以至於我們比起上一代總顯得信心不足，比起下一代我們又不夠頹廢或勇猛，然而我們尚未壯大但青春已然無情快速流失，但又已經大量開始在各種文學獎當評審或是講座裡現身，為年輕世代想要寫作的人鼓勵加油或寒暄，然我們先天體質過弱且後天個性總是靦腆，既不好意思對上一輩撒嬌且又備受市場冷落，內在實情是極度需要他者的注目，在多面失守下，為此我們這一代創作

者是裡外皆易匱乏，先是社會不給文學堅持者有條生路走，繼之是自我因絕望而流失了最愛最純的文學志業。

哲生的斷翅是諸多面向造成的，絕非是單方面媒體所寫的工作或憂鬱症壓力，他的焦慮是長時多方位交錯混雜所累積所糾結的。當我知悉哲生開始寫《倪亞達》系列時，我的心情就如同我寫某些「旅行書」一般，雖然二者內容與題旨意趣完全不同，但我要說的是我們面對的困境底層的肌理與發出的警訊是一樣的，在小說書寫曠日廢時之下，我們出現了一種可以因應生活但又可以書寫成書的內容形式，但在寫這類作品的同時，愁慮的底層跟著同時浮現：何時我們可以放心大膽且有勇有謀有熱有愛地寫下去？何時不會陣亡？何時小說可以突圍兩千本？何時可以有一大塊完整的書寫時空？

哲生早期的作品從〈送行〉到《靜止在樹上的羊》、《寂寞的遊戲》實在是好得很（好到讓我十分景仰的羨嫉），也是我認為最接近他的文學熱情的原初樣貌。我總一心以為後來的他不論是寫通俗的《倪亞達》系列或者是寫所謂本土的「鄉土」文學其實都不是他心裡的最愛（他把自己從最被看好的一軍作家退位成二軍的位階是為了什麼？），我想這可能也是他的另一個焦慮吧。至於其餘非關文學的焦慮或負擔，其實每個作者背後都拖著一個龐大的世界，每個人都有一本難唸的經，而這也不是我能僭越述說的。

我只是不斷地回想當初我為哲生牽線給《男人幫》雜誌時的煎熬，我既希望我的可敬同業能夠專業寫作，但又希望替我的可敬同

業突圍生活所需與他所要的職場尊嚴。但於今我是多麼希望我從來不曾介紹他去那樣的環境工作，他的良善壓抑恰恰不適合被賦予重任的管理權力階層，但這都是後話了，哲生有他自己的命運，我只能愚癡地這樣想。

　　同業聚會不在實質，多是一種相濡以沫的鼓舞象徵，帶著「我看見你了」的那種鼓舞現身，就如同我們屢屢到大學院校做評審或是演講的目的一般，總以為我們願意在寫作的封閉之外現身就是對後來的寫作者的最好鼓舞一般。同業聚會是一種抒發，但是我期期以為能參加聚會都還算是好的，就怕同業聚會之後空空然的感受又冒了出來，或者我們總有諸多的理由與藉口無法參加這類同業聚會。

　　屬於我的台北的同輩同業友人，於今早已挺進文學之路但卻多所生活或感情掙扎，在落日的前景裡我看著他們的背影，暗暗地我發著意念祝福著他們，並淡淡地懷想如果哲生也在（本來他是說好要在的），那麼他的背影一定是我所熟悉的總是低著頭若有所思地緩慢前進。我在定點望著同業背影，又再次想起哲生屢次在電話裡以羨慕口吻地問著我為何可以不上班？我一個月生活賺多少等語。當時我說自己是很無能的所以才無法承擔也無法上班，一個月大概是賺一萬多元。他在電話裡驚呼說那怎麼夠？我說當然是不夠，常負債，東補西補，末了還開玩笑說現在要當情婦也沒本錢了，他笑答如果可以當情婦還真不錯。這就是我們的慣常模式，總以玩笑結束最底層的無奈。

無奈總是存在。

　　就像即使方才的聚會曾給我一些溫度，但剎那就無可挽回地失了溫，但我仍是那樣地緬懷著我們就站著說著話，彼此打氣，且還彼此都想再聚會，為消失的文學物種持續灌溉一丁點熱情。

　　這一刻，台北於我有著一種我走遍全世界也找不到的溫暖，因為我的同業在此，我們的語言相同，我們的哀傷也相同得那麼具體，我們悼念的人都曾經和我們對話過他的寂寞與孤寒。通過吾友哲生的絕然的死，幾日後的沉澱後，每個人都經歷了震驚不相信憤怒哀傷惆悵……等諸多情緒糾葛。終於我更確信了我的那種有根般的愛是發生在台北，這座不給我們文學養分的城市住著我的許多認真同業，我們的靈飄浮在灰塵浮蕩的夕照裡，彼此為彼此做見證，若有人要先行離去，這枝筆一定可以交棒得下去。

　　雖然這座島嶼這座城市並不給我們太多的養分。

　　好在這座城市住著吾之同輩同業，大夥疏離得很想聚會，卻又在聚會後很想疏離，兩頭不到岸，總是身處大染缸卻又不夠世故。

　　在哲生凋零之後，我們的遠方很近。需要透過這樣的沉重才撞擊了我們這個世代的靠近，真的是無奈得讓人哀傷。

詛咒與救贖與我的疑惑

　　告別式才一結束，抬棺人要我們迴避。靈車往前駛，走在後頭的我看見原本哀傷的你的靈堂已經有工人在拆著花圈白幡，地上丟滿了拆下之物，東倒西歪的花籃與寫著字的書法……剛才那麼莊嚴，才一轉眼毀滅即至，等著下一場告別式的進駐。一切都那麼效率，無情，蒼莽，快速，凋零，取代。

　　一切都那麼形式，只成全了我們想要告別你的儀式。

　　但儀式阻止不了毀敗腐朽。

　　南風吹起，北風又來。

　　葬禮過後，城市隨著小說家你的肉身火化開始進入夏日幻覺，是讓人悶滯與興起幻覺的城市。你凋零後，寫作的遠方變得更近也更模糊，而我對你的哀傷與疼痛是私自燒給你了。我想說關於疑惑。我必須疑惑，因為你是不該絕滅得這樣早，不該在創作的盛年捻上熄燈號。

　　你不是自由人，但又有誰是自由人？

　　身處媒體與家庭，內在要夠強大，你的拘謹個性與際遇，都把你推到此地步。我認識你如此多年，卻一直有疑惑。

　　疑惑你，這回可得自由？（你無法自死境歸來，自也無法得知。）（作家要從死境歸來其實是：「要下得去，也要上得來。」但每個人的軟弱不同，每個人的堅強也迥異。）

　　我疑惑關於你多年來認為寫作是「詛咒」的想法，疑惑媒體和文壇對個體的力量輕重？疑惑關於你死之前所思所想究竟是什麼？

在成熟的盛年走進死亡幽谷從此不出。

一個已經穩健走上文學路的作家爲何斷了羽翼？

我特地去買了你編的最後一期FHM《男人幫》，你最後注視的陌生女人可能是眼前我手中拿的書皮封面穿比基尼泳裝的模特兒女郎孟廣美，一個離你生命那麼遙遠的熱帶女郎，雜誌裡有總編輯說的話，有你的簽名，我一時感到十分茫惑。拿著雜誌在書店附近的咖啡館望著街頭時尚人群，死亡的臉孔夾雜在其中，我不寒而慄著。

看了這樣的一本流行雜誌後，我更疑惑。我拎著女郎封面，走上了死亡面具的街頭隊伍，冥思著疑惑著你那龐大的內心問題與憂慮爲何不用寫作將之表達出來，不解你反而要用最遙遠年代的鄉土故事來書寫？難道是你無奈過著符合別人期待的生活（我們的編輯檯用稿眼光和作家內在想寫的衝突）？隱藏在你內在冰山之下的渾濁混沌事體你爲何不去碰？既然決定要離開這個塵土，那何不以文字留下書寫，像邱妙津之有跡可循般？

然也許是我們的社會體質無法讓人更能暢所欲言，我們總是有包袱，有顧忌，因爲小島之小，目光集中，目光狹隘，是逃無可逃。看看大陸和我們同輩或上下差五、六歲的作者群都非常的勇猛，寫的內容超辣超辛，我想真是大國可容逃亡。北京上海混不下

去就去他地，無數無數的荒村小鎮絕對可供逃亡，且總還是在自己的土地上。

文學家死後不是要人只去讚美他的好（又不是好人好事代表），作品才是真正的身後事。為什麼一個作家死後要如此被簡化？誰要一個《男人幫》總編輯頭銜的標題？一個優秀年輕作家之死，是否意味著整個文壇結構早已媚俗且無力了？

真正屬於小說家的榮譽未竟，你的光華是被整個廢墟時代所消殞與拉錯位階的。

我必須疑惑，疑惑是為了清楚。疑惑也是懷念你的儀式所自然萌生的附屬品。別人不解我寫這篇文章時的心焦氣敗，我無意怪你或文壇（我有什麼資格），我只是心疼生命且生氣你這樣地走而感疑惑，但我想你瞭解我的思索。我現下所寫的你一定早想過了，只是絆住你的仍然絆住了你，意識跌絆，纏繞至死方休。

旁人如我多置喙一言總像是夏日空雷，無以成甘霖。所以書寫也是一種萎棄，一種自我腐蝕，它的理想性到了現代已經是非常個人的自我情懷了。

說是好日

417，說是好日。

好日常見的是街頭辦喜宴街尾燒冥紙，像是看新聞一般，永遠生與死的事件只是一個標題之隔。

灰濛濛的天，太陽被雲遮住，但又不全遮住，遂有光暈，這光暈讓我感到頭暈，流過淚的眼睛刺痛著我，一路驅車返回八里，遇紅燈時明明停妥了，不知為何沒拉到N檔腳就鬆開，那一瞬間我的後照燈閃了一亮，闖紅燈照相。問題是我沒闖，我只是心神恍惚地讓車子晃了一下。我並不心疼錢的問題，我很少心疼錢的事情，錢能解決的事都還算是好的，而生命裡許多事物根本不是錢能解決和買得通的。

但我感到我停了車又被照了相的舉止是可笑的，我感到後頭的車子也在偷偷地嘲笑著我這個駕駛人。我所感到的一種奇特感受還有我的恍惚所導致的怪異開車感，好像車子不聽我使喚似的，而所有的路段都顯得陌生。

參加葬禮後，總有一種深沉的哀傷感，哀傷導致了心神的恍惚怔忡。整日頭痛不已。原本出發前告訴自己是不掉淚的，怕亡者更牽絆。然想起過往種種，想起交誼的雲淡風輕與文學美好，還是顫抖地止不住泣然。

能掉進去就要能爬出來，沉下去還要浮上來。文學的兩難，往深下探後，還得從死境歸來，藉以告知他者探險之謎，抵達之謎。

然而終是未來不可知啊。

我走在送行隊伍的最後，看著綿長的送行者依戀深情地送著你，這麼多人愛你，你可知？

　　你應知，可若你知，你又怎麼捨得如此絕然離去？

　　我想一個人內在的宇宙是複雜的，當那些日子陸續有人寫著文章提及你在生活的種種好時，為什麼只提這個，一個作家之死，卻被寫成像是好人好事代表？

　　我其實心裡想的是真正能寫與可以寫出你真正內在之苦與糾葛者都非常地沉默，因為無能寫，因為痛苦難受過大，以致無法書寫你。而我深切知道你的苦都在作品了，而未曾解開的苦旁人又何能置喙一言一語。作品已是作家最壯烈最刻苦的「音容宛在」。

　　三炷香一杯水一個花圈，一彎鞠躬，一個合十，一沱淚水，我們繞你之棺。看一眼你最後即將焚燬前的容顏，容貌多所折損，記錄了死亡方式最後所殘虐烙印在你身的遺跡，像是童年所經歷的洪患遺痕，像是童年所見到的午夜對面人家的火災，求救的人，跳樓的人，午夜裡亟待給予求生系統的危脆肉身。

　　人類是所有動物裡頭最渴望延長生命的物種，不若其他動物老了死了，總是很自然的事。而人類也是所有動物裡最渴望縮短生命的物種，再怎麼縮短都嫌太長，一如再怎麼延長都嫌太短，總是悲悲哀哀，不論清日濁日或是良宵惡夜總能奪去人之魂魄意志。

我們像是未亡人似地看著你的遺體。看你的身體在地水火風四大皆空後，明顯地縮小了，原來我所記憶你的那英挺英氣的身軀於今在一只陌生的木箱裡，旁有紙蓮伴著你，而黃燈下此空間曾有多少愁魂在此漂泊……。我們離開靈堂後，公祭結束，大夥退到外頭，我似乎聽見道士敲著釘子的聲音，蓋棺了，你進入（沒有窗戶的房間），早些年你的作品已經隱喻了自己的身後世。

　　我抬頭望著廊下屋頂上繪的許多白鶴，紅藍黃白綠，五色五光，駕鶴西歸吉祥圖，此時送行哀樂吹起，我心裡暗暗祈語，請君寬心一路好行，冥河湍急，請君莫牽掛。多年前我對吾友說：妳所拋下的世界我已替妳接收，如今我該對可敬可仰的同業你說什麼呢？

　　一個提筆者最大的現世創傷莫過於看見尚是英年的同輩同業的離世之哀。

　　在這樣的獨特場面裡，我深深地哀與痛。

　　我穿越了這座城市的都心，和假日的無止盡同遊同樂車潮錯身，和好日的婚宴喜慶喜車交會。穿越整座城市的表面繁華，在慢速度的亦步亦驅車陣裡，可以緩緩瞥視左邊的河水，下了華江橋，又是一座和任何台北縣鄉鎮長得沒有兩樣的板橋。

　　關乎台北的葬禮，是眼睜睜看著友人形體即將消失的儀式，

於我也是一場巨大的生活啓示錄。思索如何好好地提筆，且度餘生？成了我另一個頭痛的原因。

「難道他們不懷念這些美好嗎？」另一個寫作的友人和我散步青山綠水時突然這樣地發出疑問，當時山風徐徐，日頭暖暖。

「但當時陪伴他們走上滅絕最後一刻的不正是我們所謂的眼前這些美好，風在吹，綠樹在旁。但終究人是受精神底層召喚的。」我沒接話，但心裡這樣想。

小販固定在傍晚陸續經過我家，先是修理玻璃、賣一筒筒衛生紙的卡車經過，再是燒窯雞、大腸米線、肉粽、剉冰……接著楚留香來，永遠是大老遠就聽見「聚散匆匆莫牽掛」，楚大俠走到當代已經變成賣麵包的流動小販。生活的普遍實相就是這些了。

聚散匆匆莫牽掛，千山我獨行不必相送……。一陣停頓，一陣小孩奔出去買它個波羅蔥花炸彈麵包，接著歌聲又飄出了巷口。

楚大俠的來與去，是一個夜晚到來的先聲，也是生活滋味的開端，此時死亡退了位，美食美色幫我們先祭了天地。

雖然明朝又有明朝的苦。

下卷 **⑤**

死亡之三

妳的淚水與沉默是屬於絕望，絕望是什麼物

質與顏色？沒有，空空然。

只餘書寫。寫作，是妳的生活與生命，也可

說是身心投入的全部。

妳把自己和寫作全然地投入在這樣的全面性

領域裡，義無反顧且有點不要命了。

必須有死亡的才能。妳說。

一座微小的墓園裡發出著巨大的光芒，從地

心直射而來。

必須有死亡的才能，我喃喃複述著妳的話，

僅此僅此，我才有能力向妳致敬。

　　　——莒哈絲之墓

右／莒哈絲之墓，巴黎蒙帕那斯。即使死亡，我還是可以寫作……她說。

〈我的文學情人〉

莒哈絲之墓

　　蒙帕那斯墓園。在墓園入口繪有地圖，墓園地圖標誌著一顆顆不朽靈魂的所在位，像是某個不斷在我的瞳孔發亮的星圖般閃爍著歷史的光芒，靈魂不死，在此昭昭；時光不老，在此歷歷。

　　我不需按圖索驥，即能尋妳之所在。我總是爲墓碑發亮的名字感到一種我和妳同在的喜悅與眞切呼喚。妳在墓園前立著米白色墓碑，上方標誌著「M. D.」，M. D.即是Marguerite Duras，瑪格麗特・莒哈絲，妳名之縮寫，當我感官和妳親暱時我會稱妳瑪格麗特，但是當我寫作時我會敬稱妳莒哈絲。

　　蒙帕那斯的墓園，妳安然於此，和所有的法國文學巨擘同在。不知妳在墳下如何想像這樣的居所，妳孤單，妳冷笑，妳思索⋯⋯

　　墳墓上方有其他的仰慕者放了束鮮花，紅紅的小盆栽置在白色的石棺上，有一種俗色的尋常，我想妳可能要更特別的，於是我逛著蒙帕那斯，墓園的午後陽光慵懶，我似乎也有一種睡意，欲和墓園的所有青骨魂埋者同眠，可意志力驅使我四處逛巡，我想到妳的寂寞，不服輸的烈火性格。彎身拾了幾粒象牙色和灰色的小石頭隨意地擱在妳的墳上，乍看如小小的立塔，襯著妳米白色的石墓極爲相契。

　　依戀者就是如此無可救藥地自我認同與孤芳自賞。

　　寫著1996，妳走的那一年，我正在紐約，這一年我開始寫

給我的情人，我那讓人發痛的情人，肉體和靈魂會見其影聽其音觸其膚聞其氣的故往。

妳的淚水與沉默是屬於絕望，絕望是什麼物質與顏色？沒有，空空然。

只餘書寫。寫作，是妳的生活與生命，也可說是身心投入的全部。妳把自己和寫作全然地投入在這樣的全面性領域裡，義無反顧且有點不要命了。

必須有死亡的才能。妳說。

一座微小的墓園裡發出著巨大的光芒，從地心直射而來。

必須有死亡的才能，我喃喃複述著妳的話，僅此僅此，我才有能力向妳致敬。

自由情侶之墓
——沙特與波娃

　　巴黎人至今仍有人把您們奉爲情侶經典，我想您定然也認同，您曾說您和沙特的關係是不可批判的，您們成爲伴侶的相處基本法則是誠實，您說實話本身並沒有什麼價值，但是能向對方吐露一切事情是件令人高興的事。

　　蒙帕那斯墓園少見的夏日蕭索，沙特和波娃您們比肩長眠，是自由與信任讓這份愛情有了死生契闊的力量，是兩個個體的高度完整，使得愛情成爲一種人世實踐的可能企盼，自由情侶是可能的，因爲兩個高度成熟的心靈結合，能排除外在的紛擾與變化。

　　您說沙特是讓您生平第一次感到在智慧上受人統御的強者。這是一個才女遇到一個完全可以涵蓋她的男人所受到的喜悅威脅感。

　　我不知要對您說什麼，因爲您所擅長的理論正是我所匱乏的。我不知要向您吐露什麼，因爲您和沙特的自由且堅定的關係是我所仰羨的。

◎延伸閱讀拙作《情人的城市》星月書房出版。

沙特和波娃共眠於此，閃著存在主義和女性主義的幽幽燐火。

大溪地的絕美幻覺

　　幾乎此島可供憑弔高更的儀式僅存墳墓一景了。一切關於高更的真蹟畫作和生活遺跡多已不存。

　　通往高更墳墓的小山徑一路無人，抬頭見到高聳的白色十字架插進藍天的畫面時，耶穌受難的雕像也同時映入眼簾。高更之墳在整個墓園的最裡端，墳墓也迥異他者。此地是海軍公墓，全以白色塗漆著墳塚外圍，十字架立在每個墳塚上方。高更的墳墓卻以一種凝灰岩塑成，且呈紅赭色，墳墓旁立著他的雕像作品Ovire，Ovire即是死亡女神，此原作為陶土，如今陪伴高更的是耐用的青銅材質。

　　青銅發著霉綠之光，像午夜的燐火。

　　緬梔子花開著黃色的花襯著紅赭墓地與伴著死亡女神，從塔霍古（Tahauku）港口的柔風吹向墓地，旅人在此也有想要就地安憩之想。坐在草地上，可以目及海岸，稍遠的幾戶人家和前方的村莊層次地落在山頭小丘林內。

　　我想著畫家臨終之眼所看出去的畫面。據悉他過世前一刻緊抓著紙筆，要當地土著把他抬到庭園外，他畫下的最後一張草圖卻是下雪之景。

　　來到熱熱風塵的島嶼，畫家臨終前卻懷念著他的巴黎冬日雪鄉。

他在大溪地的晚年為了喝酒，在酒吧畫裸女圖來交換，男人們拿了裸女圖回家後，裸女圖都被嫉妒的太太們拿去後院燒了。屬於高更的歡愉之屋，在高更1903年過世後旋即遭當地人破壞。那令我深深喜歡的歡愉之屋的兩側法文寫著「保持神祕」、「談點戀愛會比較幸福」。歡愉之屋的樓上是高更當年的畫室，茅屋建材顯得素雅，角落擺著畫架和油料，陽光斜斜打進一角，安靜無聲。

　　畫圖時，我的身體丟在外面，靈魂嵌在畫布裡面。

　　高更終於長眠安息於他一生所熱切渴盼的原始純淨世界了。
　　他在大溪地尋求的避世藍圖，終是僅存於心。
　　而旅人如我卻才要奔往下一個驛站。

◎延伸閱讀拙作《遠逝的芳香》星月書房出版。

高更之墓旁傍著「死亡女神」，野獸派的先驅者，可憐孤獨的異鄉人。

我與父親肖像，一種戀父情結。

致亡父
──以夢相見

在小說家你殁亡的一個多月後，我忽然算了算，心裡驚呼，好巧！也是四十九。場合是一場座談會，都是我在說話，你一直沉默著，你常低頭看著錶，最後你說你要先走，因爲趕不及了，還要回去上班。我拉住你說，今天不要上班罷，那不重要。你還是起身要走。可下一個場景卻跳到我們在看油畫，你也畫圖，我驚訝於你也畫圖。我想要買你的圖且還說出給你一百五十萬元時我就醒了。

在一個數字裡醒來。

一個我從來沒有過的數字裡醒過來。

接著我夢見一個身影了。模糊的父親。在父亡後，仍然執意試著搖醒他，想聽聽他的聲音突然傳來，想這一切會不會只是個玩笑。

玩笑，沒有，死神總是比我們更善於操弄玩笑。

夢，是亡人最後可以附著在他者的紀念品，夢是最不可思議的巨大紀念品。

父親過世後，起初母親常問我有沒有夢見他。我清楚記得的卻不是夢，而是眞實地看見。當時我剛從醫院返家，睡在父親常睡的長長籐椅上，我看見他推門進來，在籐椅旁看著我。穿著平

常一樣的衣服，農會送的白色Ｔ恤，印著好年冬噴灑農藥的字樣吧，Ｔ恤到處都可見到破洞。

然後我醒在一片虛空裡，客廳的燈依然亮著，母親頭一回這麼大方地將燈通宵燃亮，眼皮數日來哭腫地沉重。

後來夢見父親好冷。好冷。

父親走後，我和母親度了好幾年的苦，我是說不出的苦，就是哀愁的本身無處散發時凝血般的苦澀青春，不明的青春，無歡無樂。四處遷徙，打工。而夜裡母親會哀號喔，很悽厲很疼痛的那種，她到晚上會有一隻蛇四處穿越她的每一條神經，憂鬱造成的神經性疼痛，許多年才治癒。身上爬滿了蛇噬的血痕遺跡。好年冬，一直到我找到書寫的力量時才降臨到我身。而母親靠的是記憶力的減退而遺忘了她自身的苦。

至於夢，漸漸地隨著父親的亡故過久而不在夜裡塗抹了。夢裡亡魂其實是活著的識體，又清晰又模糊。想要企圖告訴我什麼的用力，卻又被什麼控制似的難以陳述。夢的語言如何敘述？一旦入夢那敘述能力就褪色了。夢像是頻道不清的電台，有時對了焦有時又失了焦。

意識有三魄，一魄在靈骨塔，一魄在家裡的神主牌，一魄亡者自行遊蕩或投胎輪迴。生引向死，死又引向生。

與其說亡者的夢之隱喻，還不如說是生者藉夢訴相思。

再見，Tiger 貓咪

　　消息傳來時，美軍正準備攻打伊拉克，光聽新聞就會感到一種痛的消息，這是悲慘世界嗎？多年前被我狠心但卻無法可尋地寄放在某友人又輾轉到某友人的友人的虎斑貓 Tiger，正生著病。

　　我遙遠的異鄉朋友，在幾年後傳來她病歿的消息。一隻多愁善感的貓咪。老是把自己的眼睛哭到發炎而無法張開的任性虎斑貓。只要放到一群貓裡頭，不，不是一群貓兒，就是她身旁多了隻同類，她便不安。何等的不安，總是讓她躲著不敢去進食，肚子餓久了，便覺身世淒涼地掉淚。

　　沒看過這麼愛哭的貓兒，我弔唁她的方式是以她的淚水來述說，真的是眼睛噙淚，當年我在紐約的曼哈頓居所只消把房門一關，她便在房外竟夜嗚咽。

　　回憶這虎斑貓的潑灑淚水實是因我這主人和她未劃下「邊界」所導致的後遺症。彼時她剛來我的窩時，一眼就看上我鋪著藍色床單的床，我想就先讓她暫時窩著吧，日日她的毛掉得不少，清晨又過於熱情地踩踏我的身親吻我的臉，讓我無以安眠。遂入晚在她未跳上我的床時，把房門一關，要她睡客廳的沙發。這小妞卻拗極了，在門外哀號竟夜不歇。打開房門，又是一隻眼睛被哭壞了。看醫生總是所費不貲。她的流淚史，就是我和她的邊界問題，一開始若能說不就好了。日後她習慣養成再說不，為時已晚。

和她的關係，讓我思及凡事其實都要設邊界，表面上設邊界似乎不自由，且不給他者方便地某種劃分。然再深入，始發現劃定心靈和行為的邊界才是自由之始，戀人也是如此，過去總是不設防，別人亦不知你的邊界何在，遂一再踏轍前進，最後自己發狂了，別人也不知錯誤何在。是 Tiger 讓我想到這件事，愛的邊界。邊界是一種清楚，一種尊重的設防。唉，和寵物的關係亦和情人多所雷同，也是難以理性的。

　　回台無法帶她走，友人收養，後聽說又轉給某大衛先生。之後，連友人也唸完書回台北了。於是有幾年再無她的消息。

　　消息傳來，遠方戰火正熾。

　　坦克車壓境，揚起火焰般的灰塵。

　　像是為妳舉行的人間哀傷儀式。天空飄著如此多的生靈，塗炭。

　　不知為何當我這樣以戰爭之死來形容妳的去世時，讓我想起一句佛家語：須彌入芥子。有一種將最大納入最小之中的感受。

　　然世間大小或輕重，本無差別，何況死亡事件，是如此地同等無分。

　　夢見了妳。目珠仍哭傷了一眼。放上妳的照片，三炷香，一杯水，一管以前為妳點那哭傷眼睛的眼藥水無意間一直保留下來，遂供奉在照片旁。以此紀念我這個異鄉女子與妳遭逢的無奈遷徙與心情漂流的歲月。

城市漂流儀式
——關於頂樓上的鼠屍

　　有好長的時日，或者該說有好些年，我總是不知所去何方，也不知何方等我奔去。

　　好比不上工的時日總是很多，落腳台北頂樓居所，到了夏日總是炎熱烈烈，混去看不知是幾輪的電影院看各種奇怪的外國電影，生命的一切皆屬囫圇吞棗，包括愛情，包括知識。那時租賃的頂樓總是先發出屍臭氣味，然後才見到老鼠的屍體。

　　那些年台北的梅雨總是下得很纏綿，雨量紮實，頂樓的水管攀爬扭曲在水泥地上，夾縫裡就是一隻小老鼠屍體。灰毛濡濕得像是被小孩畫壞的毛筆，毛往上直衝怒起。那幾年的梅雨頗令我懷念，那幾年的梅雨導致了我的第一本小說《一天兩個人》裡通篇文氣與場景皆在下雨，生活總是不斷地下雨。而我那幾年住在頂樓加蓋的房子，未蓋滿的水泥地總是有蜿蜒如蕨類攀爬附著在泥地的水表，有雜蕪的草，還有不知怎麼死的鼠屍。若是還沒聞到臭味的鼠屍通常趾頭鄰近的肉都還有一丁點的玫瑰紅斑，若是聞到臭氣了，那鼠屍多已乾癟。

　　頂樓加蓋的房子酷暑足以消熔肉身，到了酷寒卻也是無論怎麼蓋都有一種從地底竄出的冷冽，若是不巧情人正巧在冬天分手，就活活少了個肉身暖爐或發電機來替自己加溫。

　　下雨的季節，衣服吊在幾坪大小的屋內，衣服看起來總是很

沉重的樣子，特別是牛仔褲像被擠壓過的鐵鋁罐頭。

　　以前都是用房東給的脫水機，綠色的雜牌，不知爲何脫水機都是用淺綠色的，就像屋外的水管都是黃色的一樣，造物者的想像力在這些事物上都非常的一致，眞不可思議。我當時總會在頂樓看著其他人家的陽台，注意是否也是一樣的綠色脫水機和黃色水管。奇怪都是一樣的顏色，若是見到白色的機器，那是因爲人家用的是洗衣機。

　　脫水機一轉動總是怒吼如要爆炸解體的震動，扶也扶不住，當時我整個人用全身力氣也壓不住那台狀似飛奔卻哪裡也奔不去的一台綠色脫水機。只能等它停止怒吼，或是突然掀蓋，脫水機會突然像被掐住脖子般地乾咳好大幾聲然後漸漸委頓。

　　難怪當年要是半夜有人洗衣服或是脫水，就準備讓樓下的人拿刀子上來砍人了。

　　牛仔褲總難乾。重重沉沉地吊在屋內，有時半夜醒來，還會自己嚇到自己，以爲某人杵在那裡地嚇人。

　　老鼠常匿在脫水機下死亡，以爲這樣無人看見。

　　脫水機轉上電源時便如獅子怒吼，彈跳舞動著，大力抖動地跳開了原來之地，跳開原來的地方後，不意露出了鼠屍。起先我

會尖叫幾聲以爲可以用叫聲把老鼠嚇跑，是明知已是鼠屍的情況下仍然尖叫的，本能反應之下多少是自欺的安慰自己。之後，便不叫了，和鼠屍一樣的靜默。彼此對打默照禪。

若是城市老鼠不死在我那自家的頂樓加蓋水泥空地，那就是在我黃昏眺望城市景觀時會見到比我住的九樓加蓋還低的公寓屋頂有著鼠屍的身影。

某家公寓的窗台還擺著去冬耶誕節的白色麋鹿。

視線先是看見公寓客聽神案上閃爍著微弱紅管燈泡，有個老人看著電視，打著盹。電視藍光映著老人臉上手肘上的褐斑與張弛微凸的青綠色血管。

正對面公寓屋頂的灰色石綿瓦上，或是更低矮的眷村屋頂上的防水漆塑膠皮上，塑膠皮上總是壓著紅磚塊或是報廢的汽車輪胎。

不及巴掌大的鼠躺在那裡，日曬雨淋，無聊時我總是隔岸俯瞰鼠屍姿態，像檢驗員看著標本般的目光，看著鼠屍每一日的風化遺跡的演變，從濡濕的毛皮到腐朽深黑，從黏稠到乾涸，從形狀可辨到一團糊爛。

看著看著，我那年輕正在這座城市漂流肉軀，和那不知爲何會死在一片石綿瓦或是塑膠皮破輪胎的屋頂老鼠乾屍合而爲一。

命運悲愴曲，屋內那台二手手提 CD 音響正發著不穩定的悶響，喇叭總是高音出不來低音也出不來，高低音混沌一團。

當時的一切不論環境不論事物不論感情，都好貼切於我。

包括那總是死在頂樓空地和石綿瓦屋頂的老鼠姿態。

直到雨夜來臨。

屋內通常已是濕氣如魚缸地飽和般，我吐著兩鰓，哈著氣。

屋內為了安全房東加了鐵窗，若是鏡頭由外往內拍，我想扶在鐵窗上的我的雙手姿態看來約是像個女囚般渴望出去溜達。

梅雨季的大雨若是白天下，那通常到了晚上雨會停歇。若是白天未下，烏雲卻一路追趕，夜晚則多忽然一聲雷劈接著傾盆大雨。

傾盆大雨，雨大過於傾盆之勢，應是傾桶而降，雷光劈在鐵窗，內外疆場立現，那時的我，常常這樣地隔著鐵窗看頂樓正在天打雷劈地狂下著豪雨。湍急的水沿著水管流下，未流下的擱淺成小溪小川，伴著雜蕪荒草。

隔日總是大太陽，像是一個非常情緒的情人，暴怒過後完全忘記地施予甜美，全然不記得施虐的狂亂，瞬間可以換張臉，轉頭對妳溫柔以微笑。

加蓋的不牢靠牆面如暫時入主的主人我，總禁不起這樣的暴怒與狂愛。白牆的漆剝落，如堊土。有回把某面牆塗上了紅，成了堊丹，落日時顯得很紅豔，下雨時則有一種還出著太陽的錯覺。

那擱在對面公寓屋頂的石綿瓦上的鼠屍消失了，本以為被貓叼走，然想是被大雨沖掉了。

大雨足以沖掉當時的一切。

包括愛情。剩下的是像鼠屍般的氣味留在我當時的生命周圍。

下雨過後，通常很悶熱。頂樓之屋如烤爐，房東沒有裝冷

氣，就是有可能我也繳不起那樣的電費。晃去速食店是最好的廉價選擇，周圍多是老人，和看護，偶有年輕人在看著報紙的求職欄，用紅筆在打勾勾。彼時咖啡館雖多但卻未有連鎖咖啡館的自在空間，最多就是聖瑪莉，但也還是有服務生為客人點餐送餐服務打擾的不自由感（價錢自也稍高），那是個速食店無比發光發威的年代，溫蒂還沒陣亡，德州炸雞的牛仔佬也未歸鄉。一塊炸雞如荒蕪生活的犒賞，一杯發酸的咖啡可以喝到心臟無力。

速食店無疑是當年最理想發呆與吹冷氣之所。後來發現去速食店還要帶外套，速食店準備以冷死你的方式來對抗坐一個下午的城市游牧族。

我在速食店的玻璃門窗外卻見到一隻老鼠鼠頭鼠腦地從排水溝蓋爬出，且張望一陣車流人流，快速地過了街，竟然就堂皇地一個軟骨功一使便委身穿進速食店的玻璃門，又竄進某個陰暗角落。

牠踮著腳蹬蹬蹬，蹦跳行過冒著熱煙的瀝青柏油路，沒有被不長眼睛的車子壓死。

那些年有一種奇怪的街上死亡事件，好比經過當時還存在的東區統領百貨，有人從頂樓拋下一隻老鼠，老鼠活生生從高空墜死。接著又墜下一隻，丟在一個路人的肩膀上，年輕女生發出如刀割的被凌遲恐怖聲。

那時的台北想必還很髒，其實就是現在也還很髒吧，在悶熱無風的下午很容易就聞到了整座城市人的排泄物溢出，多讓人驚恐的排泄質，是整座城市人胃囊大量吸食又嘔吐的證明，像是吃

掉了整顆月球面積的食量發酵在地下道。

我想像著老鼠們在下水道裡暢快地陰暗過活。

一如當年的我。

荒澀蠻野乾涸的生活。

青春邊緣者在城市的儀式，過程說來不外是一隻老鼠的死亡記事。

那是逆光的青春，彼時周圍的一切都像是打坐時觀想的十倍太陽般巨亮不真，而我自己卻杵在深深的暗影裡。

於今的生活卻又倒過來，周圍的一切是墨暗的，而我的臉是亮的，四周如幕，成了我生命的背影剪影。

關於書桌上的一隻越界蟑螂之死

　　我情急之下，用「班雅明」擲向一隻停在書桌前伸出觸鬚探索的蟑螂。班雅明的肖像遂黏上一隻剛斷氣的蟑螂，體液從班雅明的臉頰流到西裝外套，他右手撐著額頭，眉頭緊鎖嘴角下垂，像是因此而很不高興的模樣。

　　這畫面比八卦雜誌登出的死者照片更讓我驚悚。

　　不知為何有些動物或昆蟲，如蟑螂之流，總是讓我跳腳驚呼。很想學學莒哈絲（Duras）面對一隻在屋內不斷盤旋最後氣絕的蒼蠅，她總是能叫我不無聊且時有驚豔。垂垂老矣的莒哈絲在《寫作》裡寫著：「那一天，在那寂靜中，我突然看見和聽到身旁的牆根有一隻垂死的普通蒼蠅。為了不驚動牠，我坐到地上，再也不動彈一下。在整所房子裡就我和牠在一起。……我靠近牠去看著牠如何死去。」「牠試著離開牆壁，在牆上牠可能會被困在花園的潮氣而被正在腐化的沙和水泥黏住。我觀看了一隻蒼蠅的死亡過程。過程很長。牠同死亡抗爭著。也許持續了十分鐘或十五分鐘，然後停止了。生命該結束了。我仍待在那兒看。蒼蠅死在牆根。」「我仍待在那兒看著牠，希望牠重新產生希望，重新活下去。」

　　但我畢竟無法，看見蟑螂竟是本能的「殺」。如果是一隻在屋內飛舞的蟑螂，不知莒哈絲反應如何？

　　只有死亡的指向讓人肅然起敬。

　　「我的在場使這一死亡變得更為殘酷。我知道這一點，可我留了下來。為了看，看看死亡如何漸漸地降臨到蒼蠅身上，也是為

標本，美麗的木乃伊，事物死亡後
的另一種復活。

了看看死亡來自何處。來自外面，來自厚厚的牆壁還是來自地面。它來自哪個黑夜，來自大地或天空，來自附近的森林或來自尚不可數的虛無。也許很近，也許來自試圖發現蒼蠅走向永恆軌跡的我。」

也許來自發現蒼蠅走向永恆軌跡的我。

一如我書桌前的蟑螂之死是因為我一般。

我以「班雅明」擲向一隻在書桌匍匐的蟑螂之後，整個上午都籠罩在一種死亡意象的侵擾裡且惶惶然，彼時電風扇吹著紙頁翻動如耳語，像嘆息，趕緊找出莒哈絲的文字來撫慰自己。但不可避免的我也掉入了莒哈絲的迷魅情境，誠然是「我的在場使這一死亡變得更為殘酷」。

我住頂樓時期，我像個最毒婦人心的模樣，老是需要蟑螂藥、黏鼠板、電蚊香、殺蟲劑……還有通樂。

充滿化學劑的頂樓加蓋年代。我的手因為這樣的簡陋居所而沾滿了血腥。可憐的班雅明為此渾身沾滿著蟑螂死前噴射出的可怕體液，且日後我拿起他的書，手摸到書皮時總先是一念浮起，這書殺過一隻企圖越界的蟑螂。

關於房間角落的壁虎乾屍

　　拉出躲放在櫃子底下的夏日夾腳鞋時順勢拖出了一隻已然成乾屍的壁虎。

　　起先以爲還活著先是一驚地手一張揚，連帶夾腳拖鞋也被拋出。待定神一看，壁虎已然魂杳，乾屍被時間風化地如此完整，如做工精細保存完好的醫學標本。

　　不知爲何壁虎會跑進我睡覺房間裡的衣櫃下方，牠躲在這個洞穴裡等待死亡，或窺我睡姿良久？

　　這是關於孤獨與死的疑惑。

　　一隻身世不明的壁虎，像是班雅明《說故事的人》，一隻壁虎也拖著一個巨大的未知世界。「如此，個人增衍，卻總是相同。這裡暗示了城市居民的焦慮，他們雖看到最怪異的獨特性得到實現，卻不能因此衝破類型的魔圈。」

　　魔圈，一隻壁虎死在我的衣櫃且成爲木乃伊的祕密。一隻壁虎乾屍詮釋了班雅明引述的波特萊爾詩句：「世界將要終結……我向所有思考者請教，生命將殘留下什麼呢……普遍的廢墟……」

關於米蟲與果蠅之死

　　另一種死亡，他說他家的廚房水蜜桃過久未吃全軟化了，寄生了蟲，這些天家裡出現好多果蠅，他拿殺蟲劑全噴殺了。

　　聽者無語，心想多巨大的死亡。當死亡被量化如一盒芝麻餅的死屍。

茶花墜地如武士斷頭

　　最完整且連帶讓人有種美麗死亡感的花於我是茶花。日本人看茶花墜地總驚心動魄，茶花非一瓣一瓣地掉落，它是動員全身的力量才得以辭枝告別，像是武士斷頭般的絕然棄世。

　　若無儀式，大和民族將無所適從。春天櫻花季，秋天紅葉狩，大大小小祭典四季延展，儀式維繫著整個民族的魂魄氣節與對細節的認真。

　　而我觀一朵茶花的墜地，聽見的不是死亡而是復活的聲音。

關於夏天來臨前的蛾與飛蟻之死

　　近來寫了一篇短篇小說〈買命〉，敘述一個阿嬤被觀音菩薩收為義女，阿嬤的魂魄能夠到陰間替想要延長生命的人和閻羅王交涉，延長期限最多三年的箇中人事。

　　人想買命，買愛情，買錢財，以至於宗教成了某種「救贖」的買賣，至於底層的生死就少人願意觸摸與觸探了。蛾與飛蟻在夏日大雨來臨前總不斷地被本能驅動著生死，以朝光源撞擊之姿，在屋內盤旋不去。

　　周圍悄悄昏暗下來，且不知何時五月的梅雨已經把大街染成了如墨水的黑，雨聲瀝瀝，燈光迤邐後街心像是油田般地發出黑色亮澤，在黑田裡竄出一大群飛蟻，飛蟻不斷地撞著路燈燈火，筆直落下地面的雨絲因之被四散的飛蟻撞斷了飄下的連續性。

　　焦糖黃的翅膀和燈火雲湧成一團柔柔不清的暈光，薄翼落在她的睫，她的眉心，她的髮梢。就在她受不住侵擾地甩甩長髮的那一刻，許多斷翅的薄薄透明羽片隨風揚起，她陡然心一抽一緊，積壓過時的渾淚就在年輕的瞳孔內答答答地滲透著一大坨的濕澤。燈火四射的街上在她感到憂傷時有個筆直朝她響的連音喇叭猛地發出了催響，她刺耳抬眼瞥見，遂拎縮著鼻子，迎向路邊正向她靠岸的車子，她把手上的兩大塑膠袋往車後門位子放。順手把推車往牆邊一推，家樂福超市外的金屬推車手把在雨火中邊緣銀亮地閃著光，四周車輪聲刮著地磚。

路邊停靠著滿滿的西瓜成堆，卡車內的小燈泡搖晃雨絲中，對半剖開的紅瓜，豔豔著色澤，預告著盛夏的熱氣未久將至。

　　死神搧動祂的兩翼，亡命飛蟻在小筑的頭上狂亂起舞，因而她一時恍然未見到她的男友順子正朝向她來。

　　　　　　　　　　—— 節錄自尚未發表的短篇小說〈買命〉

下卷 ⑥

生命之輕嘆如微笑

那暗夜哭聲與因為如蛇爬竄的神經之痛

所導致的午夜尖叫，足足有一年之久。

年輕時，你問我為何我的個性如此幽晦不明，

密室重重時，我的畫面與感官

總是會聯想到這一年的夜晚。

　　——哀感謝

生命之輕嘆如微笑

　　關於南方，總是颼戾如飛沙走石。包括景觀風向空氣，包括我們的皮膚，我們的下眼瞼，我們的睫毛髮絲，還包括我們的心情……，總是飛沙走石。

　　年輕時和年長我甚多的情人驅車來到我的南方故里，遊走海邊小厝人家。忽有小女童在路上發楞，穿著過小（沒再添新衣）的洋裝，露出了三角褲，唯一明顯的生命跡象是發亮的藍色眼神，小臉蛋被利風刮得紅通通，且鼻涕如煮稀飯的薄膜般地掛在臉上。「妳的小時候站在那裡……妳大概就是長這個樣子，嗯……」情人邊緩緩驅車邊轉過頭來低吟地說著話手摸著我的臉，我瞬間就被擄獲了：我愛你，一直愛著你。

　　後來呢？

　　故事停在原地，時光被環氧樹脂硬化了，最美好的也是最易急速冷凍的片斷。

　　人是片斷的組合，故事少有完整，為何人們要質疑我的支離破碎。

　　白幡颯颯，發出如絲帛扯裂之音，如策馬入林的聲勢，前域海風很強。送葬隊伍，先繞行村莊一匝，嗩吶一吹，喇叭一響，鑼鼓一敲，告知眾父老兄弟，有人要離開這裡了。接著才步出村落，離開亡者的生活方寸，走向比飛沙走石更飛沙走石的地底，

一切跟著白幡遠颺了。長子執白幡,細竹子上三角形旗像是有毒之蛇頭,冷冷地吹揚在風裡。

墓地荒草總歸向萎黃。

新墳新骨,入主新天地。而另一方有人在掘墳,拾骨,低於地平線的人不斷掘出沙石,風送來了長年矇在地底的屍氣味。幾件埋地經年的亡者衣服被彈出地底,落在墓沿旁,趴在墓的岸邊像隻被支解的獸。

無女兒位置的父碑

　　總是無以窮際的是思念，或者可能是記憶捉弄我的夢境。我的夢裡，祖先不擾，是活人擾我甚多，那些活人都是愛情國度的辛德勒名單。

　　若用母親的話來說，就是搏感情卻又不敢真的以心搏之的膨肚短命夭壽查脯。

　　而我，也是許多人的愛情國度之死亡黑名單一員。這類死亡黑名單，如無緣佛，如姑娘廟，總是無主之魂多。

　　無人想要立碑紀念。

　　立碑紀念，人多以血緣定奪。未成眷屬的愛情最後是無名無姓的。

　　父親的墓碑上卻沒有我的位置。我青春的心忍不住偷偷先跑去看葬儀業者在大理石上雕刻著（男二大房立），男二大房立，我看著碑唸著，無我這名女子的位置。男二大房，我的兩個哥哥擁有紀念父親的位置。

　　我像空氣般地消失在一個父親最後銘刻的紀念居所。經過這塊碑者將不知道這瓷磚轉印著一張肖像，有著靦腆笑容的男人有一個獨生女，老是念念不忘以文字紀念他的存在，過早凋零的台灣男人。

2004 年在雲林拾骨，人間替亡者所做的最後儀式。

他們吐出最後的人間字詞

　　先是我沒參加過自也無記憶陳述的阿太（曾祖母），再是祖父喪禮。首先有記憶是阿嬤。阿嬤在醫院時，護士常向我們家屬抱怨她找不到阿嬤的血管。我的目光盯著阿嬤的手腳看，一雙手和腳都被護士拍打得極大力了還是找不到血管，表皮被打得慘白。遂記憶阿嬤總想到這句字詞：「找不到血管。」

　　血管跑哪去了？我當時看著她的發黑的手想。阿嬤最後吐出，查某人真可憐……走了。

　　關於外公，洪水大患南方，洪水泡白了躺在床上無法移動的肉身。我聯想他的最後一句話常是：「幹你三妹！啥米時陣唔做大水等我無振無動啊，煞做大水！阿桂啊……」我們都在台北，包括我媽媽阿桂仔。

　　關於二舅舅，車禍奪去了剛當父親的他，伊對空中吐出：「好膽，嘜走！」

　　阿爸說：「祝汝大家萬事如意。」……未吐出的字詞是：「債記得幫我還……」（接著有人闖進搶下他身上的衣物，狠狠脫下鞋子……冰冷的不鏽鋼推車輪子在大理石的醫院地板發出急切刺耳的嘎嘎響）

　　終生未婚的三叔：「我還沒睹到這世人甲意ㄟ查某啊，我無甘願啊……」

　　大舅：「什麼時候帶我去看棒球賽？」

　　姑丈：「幹你×××勒！死哪佇呢艱苦！駛你××」

人留下名字，名字所遺是愛憎足跡。
有人遭後代怨懟，有人讓後人懷念。

陪墓

清明前一天須寒食，不生火。但現今已無此儀式。

清明去掃墓（陪墓）是悼念儀式。

陪墓，極美之天上人間，陪爲人間，墓爲天上。陪，我媽用台語發音說的字，我按其發音寫成「陪」，不管錯或對，我愛此字，聽來有點像是陪著墓中人的熱鬧時光，陪墓儀式最末時要在墓地放上五彩繽紛的小長方紙，有點類似西藏的祈福五彩旗。有時陪墓會用蛋殼，剝了染著豔紅的蛋殼，撒向墓草的表面。綠色的草瞬間像開了大小不一的紅花。

我們在墓旁像是郊遊，吃著蛋白和蛋黃，說說亡父的軼趣。像是他老是電話聽筒拿反，像是他常蹺腳喝酒的姿態，像是他爛好人幫人載物卻載到贓物，像是他曾經當過一間田間小廟公，像是他的沉默如雕塑等等話題。

因爲時間過於遙遠而篩濾了思念和哀傷，遂像是來郊地遊蹤。

想起源頭讓人安靜，但也可能會讓自己陷於憤怒的記憶開始湧起波濤，若不慎在墓地問起她不想面對的過去，我媽定然臉色一沉說：「媽媽記憶眞歹（壞）了，邁攔咧問東問西！」

我的心仍是溫熱的舍利，燃燒過後，
開著舍利花，熱的發光體。

限時拾骨

阿嬤過身前，託囑她的最後肉身皮膜要塗上「新竹白粉」，她年輕時和姊妹伴去過的新竹南門新億春粉舖，標榜無鉛、純粹的新竹白粉，是女人愛美的胭脂粉。阿嬤不知道女人世界已經大跳躍好幾個彎了，在七十幾歲過世時還掛記著老產物，渾然不知她要多少奇美皙亮的胭脂在百貨櫥窗裡多得再也數不清了。

於是當鄉公所在2004年初來了公函，說是故鄉的公墓要變成公園，令公墓眷屬們得限時拾（撿）骨，否則二月底怪手便將無情橫掃的消息傳到我耳朵時，我腦中閃過第一個如幽靈的畫面是阿嬤躺在闃黑黝闇的木棺裡皮肉盡殞，但卻依然頂著一張白粉粉的臉。

然後清晨到來我倏然驚醒。

這限時拾骨的函件是寄到了我大伯和厓姨的家，大伯代表我父系，厓姨是我媽那邊的領受人，因為我們家族枝葉多已四散他遷。

吾父吾母係同鄉同鄰里的厝邊結了親，所以鍾蘇兩家的姻親家族一掛人全串在一塊小村落。我誕生的小村落周圍，有些奇怪的地名，「東洋調」、「西洋調」，是最獨特的地名，我誕生之村喚「尖厝崙」，隔壁村喚「頂茄塘」。台灣許多地名會讓你驚呼我們對它是如此的陌生。

那日天氣灰冷，三點多即從台北出發開往雲林，需趕在晨光七點前的好時辰到達墓地。三、四點的高速公路如夜獸陷入宿醉迷惘，收費員惺忪，路上多是奔馳的卡車藍領，或是方從情婦的窩或

夜店正要溜回家的白領。過年到，車潮將塞爆這條台灣島嶼最古老的高速公路。

母親昏睡，我想昏睡，哥哥開車。車聲極清晰，伴著風語，夜獸已靜，遠方小鎮，路燈閃爍著蒼白。

母系拾骨儀式

　　兩個半小時車程，抵達故里，天早已過了大藍，南方依然是灰，季風吹得人茫茫。

　　一些親戚多已圍在墓地，從凹陷處不斷有乾土沙被撥到上頭，像是土撥鼠在告知春天訊息的姿態，而庭園綠茵現已成夢幻荒塚。靠近墓地時，我媽一一要我喊著親戚，多是舅舅、舅媽和阿姨們和表姊弟等。我想起上一回我們見面時是在前年，我大舅的葬禮，這時代親戚相聚的理由多是喪禮儀式，因為晚輩的我們大多不婚或未婚，喜宴吃不到，連三姨都說，要吃到我的喜餅看來得她自己去買了。

　　殯儀館的兩個中年撿骨師身陷棺內，傾毀墓碑讓我知悉現在正在拾的骨是我二舅。二舅的兒子大容正擎著黑傘（死者不能見光）蹲在棺木靠近頭的方向，茫然不語。二舅往生時二十八歲，現在大容正好二十八歲，大容對其父親無印象，因為當時他才三個月大。悲劇的那日，大容的母親把他抱回娘家，聽說夫妻吵了嘴，二舅心情惡劣，晚上去了友人聚會便多喝了酒，回程騎摩托車，鄉下路黑，遭縣議員司機撞倒，頭流血。大容蹲在墓周上方，扭曲著巨大的沉默，沒有人知道他在想什麼。親戚們七嘴八舌地說著往事，並像是開獎似地等著棺木的挖掘。

　　整個墓地塌陷了砂石，木頭已敗，鋤頭敲出了陳年的屍氣腐朽味。姨說，去年外公拾骨時，夢見一隻蛇跑進棺木，果然開挖就見一條蛇。外公的骨皮相連，擎起時如皮偶，濕氣太重成了蔭屍。母

親說，後代子孫要有多發達多有財，她才不信，看看祖宗們的墓。我像聽著傳奇地好奇著，並想著有個友人的母親死於自殺，他夢見母親來托夢說又冷又濕，且頭痛不已；一經開棺，見到一棵樹的根部橫穿其母的頭殼，且整個棺木內漂浮著水，拾骨人必須戴手套撈屍塊。他後來說，難怪他那麼不順。中國人講風水，也許冥冥中是有那麼多的寓含。現在命理節目在台灣盛行，實是人心徬徨無助所致。

終於把塌陷的土堆挖至看見棺木了，接著眾人趨近，紛說著：看到衣服了，看到腳了，看到頭顱了……頭顱被拾骨人拿起，姨舅們驚奇地說著，牙齒都那麼完好啊，只有一顆裡面填有銀粉。拾骨人扒去一顆顆的牙齒，說是拾骨不拾齒，因怕死人來吃生人的財，白色牙齒遂如玉米粒地跌落土堆。「他是傷在頭部過世的。」拾骨人摸著頭骨的某處說，骨頭記憶著人的在世遺痕。

腦中突然浮起中古世紀人骨在巫術裡是具有一種潛在的神奇療效，將人骨磨成粉末，摻入各種飲料喝下後可治癲癇或防中邪。在不當的遐想中，厝姨擠到我身旁，突然在一片靜默中大聲地問著掘墓人：「師父啊，咁有看到金子？」我媽大笑一聲說，有夠憨頭！當時能夠買好棺材地下葬都不易了，散（貧）赤都散赤死啊，哪裡有錢買金子陪葬。

拾骨，一般台語都說是「撿金」，以撿金子來代替撿骨頭。我

媽嘆說孩提時，小孩常跑來這裡玩，當時喪家或者來墓地祭祀者都會做紅龜糕，並會撒銅板，小孩便在旁伺機等待分食，「有時等待好幾個人家，上前爭推擠只搶到一角兩角的銅板而已。」

拾骨人拾畢，又換至相隔幾個墓碑的我外婆墓。我外婆過世時，我母親才三歲，她對我外婆唯一的印象是外婆躺在水泥地上，她不知道躺在那裡的母親已經撒手人寰了，還跑去掀衣服想要吸奶，被人拉開，哭鬧著。外婆走時才二十出頭，當時台灣鄉下有傳染病，蘇家走了三口人，我外婆，外婆的娘，外婆的某弟。年輕的外婆肖像掛在祖宗祠堂的行列，顯得年輕且美麗得怪異。

我們在荒煙蔓草中是從一個如靈柱般巨大的石碑十字架才找著了外婆的墓，這是我們能找到的最久遠的墓了。

關於外婆還得另寫一篇她和十字架的天主關係。

廖超，墓碑上頭刻著這個男性化卻紅顏薄命的名字。

我從來不知外婆名字，如今才知從未謀面的外婆有個非常男性化的名字，廖超，卻無以超越二十幾歲就過世的短命際遇。

母親身分證欄位寫的是她的繼母名字廖嫌。我父系那邊的祖母喚廖對，曾祖母廖伴，都是廖姓女子。

人們留下名字，名字所遺是愛憎足跡。有人遭後代怨懟，有人讓後人懷念。

外婆之墓，年輕即過世的她長年有
主耶穌的十字架伴著她。

父系拾骨儀式

再隔日，我們又陸續至祖先們的墓，挖開整個歷史的過往滄桑。我第一次看民間拾骨儀式，卻未料一次看得這麼多。不論撿金或拾骨，其實我們都只撿到虛空。

我期待和曾祖母碰面，這傳說裡的纏小腳的女傑在歷經命運多重巨大苦難後，仍頑強地活至九十歲。

我已聽見土穴裡的骨頭發出喀喀喀的回音。

阿太（曾祖母）廖伴活至九十是長壽之人。阿太過世時我哥哥還有記憶，他六歲。但噓嘆的是長壽的阿太，四個兒子卻多離散，鍾家三少（我三叔公）因思想犯逃亡一年被送台北前夜，阿太曾勞動她的小腳來到斗六車站看其愛子最後一面，英俊才氣勃發的三子喚了聲：「阿依嘞，您愛照顧自己，原諒我先走，無能佑孝您了！」接著其餘三個兒子（我祖父和餘二叔公）分送綠島監獄進行思想改造等。自此命運吹起悲涼黑風，阿太的淚水再也掉不盡了。

陸續地，阿太和太公的墳起挖，起出的和母系那方不同的是兩位先祖已拾骨過了，起出的是甕，但重新入佛塔前得破甕，破甕後重新將骨頭依序排列裝入新甕。

舊甕敲碎之後，骨頭起出，伴隨一堆防止濕氣衍生的黑炭，黑炭可保護骨頭鈣化，第一回知悉黑炭是不可或缺的防潮工具。

在取出的骨頭裡，我特別注意著阿太的雙腳骨，明顯纏過又放過的拱曲狀。堅韌的女子，我看著地理師手裡的簿子寫著阿太張伴，民國前三十年生。阿祖鍾發，明治五年生。我不解著兩件事，為何阿太出生以民國計，太公卻以明治計，又為何她變成了姓張？原來太公死於日據時代，所以當時都以日本年代計，也就是他趕不及新時代的來臨。至於阿太原姓廖，死後改張，聽說是廖張之間的歷史淵源習俗，曾經張姓被廖收養，死後姓廖者須返回原姓祖先之列。也是看了太公的年代我才知道阿太守寡這麼久，過往的女人長壽反而是一種苦也說不定。自此又為傳說裡獨特的她多了另一種敬意。

　　阿太和太公其下連續著四代人丁，遂入塔祭拜儀式後代子孫親眷來者甚多，多是不識為多。我們在此進行祭拜儀式的眷屬是為了同一個老祖宗，除了老祖宗相同之外，再也沒有相似之處了。

　　為老祖宗聚會，也將在儀式結束各奔東西，我可以想像許多後輩之後可能都難再碰面了。說虛幻很虛幻，說真實我們又如此地祭拜著同一個祖宗。

　　拾骨後，曝曬太陽一些時光，然後拾骨人會再度把人骨依據人骨排列模樣放進甕裡，腳脊椎手頭顱。我趨前看著甕內，

女性的頭顱後方多一朵紅花，兩性頭顱皆包裹著一張白棉紙，棉紙畫著眉眼鼻嘴，宛如還看著我們似的。拾骨人要我們分別祭拜一番，且告知他們要移位了，希望他們繼續保佑後代子孫平安賺大錢。

我想這些祖宗的靈魂不知幾度輪迴了，飄零東西。捧著甕入塔，塔內無數甕，標誌著人的最末儀式。我們民間的一切招魂祭祀儀式，其實說穿了是生者的牽絆，儀式是讓生者安心，儀式是為了讓生者不遺忘。至於死亡者究有何思，這是生命的神祕了。

在塔位上編上號碼，我看著一樓東區×××號的編號在塔位上，愈發明瞭我們最後所無法不被數字化的人生結局。打從我們進入學校就會被分到一個號碼，有些號碼一用好幾年，除非有人轉學或轉入才會跳上幾號，印象裡我的「鍾」姓常讓我排序38號，這號碼也最容易被點到，這號碼也帶點三八的好笑，不過印象裡我的這個號碼和我當時那麼倔強的沉默樣態實在非常不協調。有時前頭有人轉學我就成了37，37又是三七仔的諧音，也是我的生日，真是橫豎都會被開玩笑。

在群體裡人被號碼化，為了集中管理。

人一生都跟著無數的號碼，就是最後到了醫院或是靈骨塔，也都有個號碼。

我聽著地理師在當場向族人解說阿太和太公住的方位是最好的一樓東區，東區迎太陽升起，庇佑子孫。

接著跟著喊了「有喔有喔」的回應詞後，我們即在冥紙煙

塵裡退下。相聚一堂的族人又恍似成了陌生人。

　　辦完儀式，不論悲喜，我們依然是吃喝一頓。此恆是生命的荒謬對比。這讓我想起幼年時參加年輕二舅的喪禮，喪禮在鄉下算是體面的，因為肇事者是縣議員司機之故，縣議員在輿論下幫了些忙。我當時在三合院好奇地東闖西闖，唸著剛學來的字，讀著用花朵拼貼出來的字：自此相逢在夢中……我並見到現在就坐在我旁邊的大容表弟當時被他的年輕母親抱在手裡，那個年輕的舅媽哭得肝腸寸斷，親友皆為之鼻酸。幼年的我，還去搖籃看著大容，且還偷偷親吻了他一記，彼時我聽到窗外的角落有男女的呻吟聲。然後不久，有人來喚我要舉行告別儀式了，我跨出門檻的同時撞著了一個不知從哪冒出來的道士，他正邊小跑步邊套上道袍道帽，隨後有個電子花車女郎跟出。

　　花車女郎是肇事者的賠償項目，在往生的告別式空檔竟是如此地露骨妖嬈，之後我的童年見到某些道士，不知怎地總感不潔。而那個哭得肝腸寸斷的年輕舅媽不久到鎮上工作，認識了一個男人很快地便改嫁了。那時大容半歲，我厝姨接手養，惜命命地疼。厝姨自十幾歲便在鎮上當女作業員，如今許多工廠關門跑到大陸設廠了，她便一家換過一家。至今厝姨快五十歲，未嫁。

　　厝姨身上濃縮了整個南方的鄉野孤寂，可住在台北的我們之孤寂並未因快過年而消除。過年到來，屆時我兄嫂姪子們都會團聚一塊，熱鬧一陣，然後初二到來，兄攜嫂及子們回娘家。而我的原生家庭，又只剩我和我媽，孤女寡母，燈下吃

　　小舅舅拾骨後的遺骸，對照著年輕時候他的健美模樣，那模樣距離他
死亡不過是兩三年前吧，肉身危脆，無常迅速，覺醒覺醒。

飯，相對無言，一切又復冷清。我父也過世很久了，我將很快地抵達他往生的年紀。一如我的表弟，突然走到了如其父往生的二八之齡。

　　時間如刀，刀過血痕。可我已無淚，不是因為了然人世哀歡，而是因為淚已石化。

　　依舊是清晨時間，我們驅車返回台北。車內是我現世最近最親的血緣，沒有子嗣的單身女子是一朵孤挺花。我精神的血緣是文學藝術，而我肉軀的血緣是他們，我母我兄，我的痛與我的敬。以前老在小說裡提及愛情最後的盡頭是戀人嚮往成為彼此的床頭「送終人」，成為彼此生命臨終前最後的舞踏者。

　　看來，我的床頭送終人至今還是個謎。我曾幻想有人為我跳支舞。也許就那些眷戀的文學書和幾張畫伴我眠吧。如果，每個人都是一張床，那麼我的床縱使冰冷，但我的心仍是溫熱的舍利，燃燒過後，開著舍利花，熱的發光體。

　　正當如此地激勵自己時，母親在車內一陣昏睡，一陣醒。突然她的聲音從後頭傳來，咦，音耶，阮從來沒見妳帶男朋友回家？言下之意是今年有沒有這樣的訊息，屬於她的新年舊願望。

　　我不語，假寐，這時最好沈默，讓自己也化身成一團迷霧。

紙人與棺釘

在蓋棺前，我偷了一根將要被牢牢打進木頭的釘子，我在繞棺一匝的最末伸手抓了一顆釘，像偷了一條金子般的手腳猥瑣。

在那樣的時刻，空氣瀰漫誦經與燒燼的陰暗空間，地藏王菩薩前煙塵繚繞，吾家日夜摺的紙蓮花一串串地在火中搖曳最後的姿態，再過不久，一切的眼前華麗物質都將隨亡魂入火堆。彩繪得繽紛具飽和民俗色彩的紙屋內的大爺與丫鬟僕丁數眾紙人代替了我們這等家眷日後將由他們伴我亡父。那時我經過被鍾家囑託的殯儀店，店家的幾個小孩正在學著紮紙人，小孩兒對小紙人，世界好小，小至掌中可握。我看著被我們訂下的紙屋與紙人，看著小孩的手像上帝般地指物為形，指形為體，紙人在陰暗的小屋被彩繪且形塑。幾個小孩兒坐在矮板凳，摺好的紙物便往小方桌放，黃昏到來小方桌又成了晚餐桌了。

我成了小剪影地看著屋內的他們，黑暗裡只見小孩兒們的晶亮雙眸與有點發著亮掛在人中旁的兩行鼻涕。這陰暗空間的屋內有簌簌響的工作聲音，小孩兒的父母在屋後忙吧，正當這樣想時，有人朝外說著一聲：「恁腳手愛卡緊咧。」原本盯著我看的小孩兒又全低下頭來紮紙。其中一個最小的忽然乾嚎幾聲，「邁哭啦，等咧做了叨有土豆花通呷囉。」

然後我走了，看了幾眼正在被形塑的半人形後。小孩兒也抬頭看我幾眼，便又繼續手上的工作。那個時節的人們對於陌生人都算習慣，騎樓下的開店人家總是有人停下又離去，小孩兒也見

怪不怪。

明天這些紙人將會送到我家，陪父親最後一程。我像是檢驗員地仔細看著，並對小孩兒們報以微笑。

那正在忙著紮出小紙人的屋內黝暗如罩雲，和我家差不多，總是任憑屋內黑矇矇的，省電是矮厝讓一切沉墜入黑暗的唯一理由。屋外陽光燦麗，初夏的幾聲蟬鳴正開始求歡的悽厲嘶鳴，油桐花已茫茫如入大荒地落盡一切的白色貞潔，而老家那滿山的相思樹已鵝黃黃地染著一種說不出的惆悵。我偷跑出來閒晃，在辦喪事的過程裡落跑遊街，走著走著，像是要離開的人是我似的。我往小丘的某叢相思樹叢爬去，然後找了個蔭涼處歇息。四周一片寂靜，唯初夏的蟬想要拔得頭籌地嘶鳴外，只剩風聲，還有影子般盤旋於我心的五彩斑斕的紙人。

人們可以尋找自己的代替品以陪親人的最後旅程，像是影子般的悼品。我當時並沒有想太多，只是感到非常地疲倦以至於無法思考，眼皮沉重，心如鉛。我只幽然地想著，父親真的這樣地走了，只是才初老之齡說走就走了，一切都來不及了。說是不留痛苦給我們，因為久病無孝子，歹戲拖棚。可是乍然辭世，那種錯愕的無常體驗堪比失墜，頓無所依的空空然。突然堆疊的生命被抽空了幾格，有些部分倒塌了。

幾年後，當我的情人Ｃ突然無預警地要和她者結婚時，我也有過這種被乍然抽掉了什麼的深沉痛感。後來再之另外情人Ｋ突

然說要去美國時，我又墜入這種突然感。K一去兩年，回來像是從來不曾消失一般。

我開始懂得我也要學習這種「突然」的適應，從我父親到情人，每個人給我的功課都可以冠以非常的禪學：無常。

來不及讓你有反應與準備的無常。

我總是非常疲倦，我也像個紙人似的被掏空了內裡，表面彩繪得七彩繽紛，紫綠白紅黑藍黃，未經調和的濃稠顏色總是屬於庶民的人間的與素人的。

就在最後的儀式裡，喪葬業工人拿著榔頭發出「慟慟慟」的音量節奏，三聲鎖住一寸方圓。這音量像是一種凝結的永恆，我想到自此父親是永劫不復地鎖在那裡了，要密封囚住，無光無空氣。連唯一的西裝都是從陳年櫥櫃裡找出的，差點被討債的人惡狠狠地以目光想要卸下的體面事物。

我忽然一個想要抓住什麼的動作冒出來，我偷了一只棺釘在我牛仔褲的口袋裡，這微細動作卻像是在內心打了個夏日的雷電

幡在屋頂上蕩漾著人間的輓歌悼詞。

我父親最後的音容宛在是凝結在這只不起眼的棺釘裡。

水手與鐵釘

　　當水手們浸聞了過多的鹽水，讓風刮傷了過痛肌膚時，在漂過茫茫水域的無盡無盡時，水手們看見一座椰子島，岸邊揚起如扇吹徐，船艙鼓譟，恨不得騰空跳躍到岸上。

　　曾經在充滿花香與迷幻美女般的大溪地，當水手們聽見一只鐵釘即可換一個女人時，水手們都陷入了如吸食迷幻劑的瘋狂狀態，船上鉚釘被拔起，揚著如金子般的同質閃亮。甘冒船隻拆釘解體動彈不得之境，也不能放棄擁抱大溪地女郎的銷魂之遇。

　　關於鐵釘的歷史，此為鐵器時代延伸成最遙遠最不可思議的性感交易媒介。一個無鐵的島嶼瘋狂於鐵的事實，而水手寧可棄船也不棄性的歡愉場域。

DIY 鐵釘的幻聽

　　父亡後，每當我在家裡自行DIY著我的房子空間事物或是懸掛著我的油畫作品時，我敲打著牆，發現鐵釘是那麼難敲入石牆，有時敲歪了，鐵釘成了廢鐵。小小的鐵釘，大大的作用。

　　在敲打時，我總會產生一晌的幻聽與幻覺，像是聽見父親呢喃與道士的嚶嚶嗡嗡，接著是榔頭與鐵釘最後的儀式聲音傳來：慟！慟！慟！

　　肉身蓋棺了。

　　而深情濫情者如我卻總是不願被蓋棺。

鐵釘（和銅板及穀粒）

又是鐵釘。

最後道士發放給繞棺子女們一掌的物品，打開手心有小鐵釘和幾個銅板及穀粒。鐵釘是添丁諧音，銅板和穀粒當然是象徵吃與錢財不愁。

最後還是鐵釘，但和我偷大支棺釘不同。小鐵釘很細，是釘小木頭娃娃用的尺寸，大支棺釘是可以釘桌子椅子櫃子大小的尺寸。

我終生都不想要有子嗣，添丁故也多餘。至於米粒，我買一包兩公斤一年未動都長米蟲了。我一直弄不懂的昆蟲除了蝴蝶與青蛙外，還有米蟲，牠們是怎麼冒出來的，竟從植物裡冒出一堆生物？

關於手尾錢

　　我有幾張舊鈔票被放在巧克力的鐵盒裡。如果將紙鈔拿去檢驗，或是抹上粉末將可顯現我父親的手紋。最後母親從皮包裡抓出的紙鈔，要他好生握著，在嚥氣前。

　　認真上班，真心誠意地上班，還要開心和專業。我想著那長年窩在喜餅禮盒內所附贈的巧克力小鐵盒裡面的微少金錢時，咖啡館旁邊的人正在和面試者說話，認真誠意，開心專業。聽來像是人生的功課，店長發著「學習護照」給面試者。

　　而我的思緒跳得好遠，總是飛奔在城市的上空，和城市人沒有關係地存在著。

　　眼前的大葉高島屋的「高」字看起來像是狗屋造型，這狗屋讓我想起父親最後的居所：棺木。小說家說是：「沒有窗戶的房間」，然我彼時偷偷在棺木上頭拿了麥克筆畫了兩顆眼睛。像是有些島嶼港口的漁民在漁船上畫著兩個大眼睛，航海者的眼睛，護佑旅程。

　　我的目光護著您，送行予您好上路，可莫回頭呀。

哀感謝

　　長方形盒子，摺疊著一個方巾。是讓人掉淚擦拭用的嗎？童年時我問媽媽。我媽說囡仔有耳沒嘴。

　　我逐搋著已然噘起的小嘴，把玩著手裡的紙盒，白色的紙盒躺著一片水藍，繡著一朵花，紙盒上印著（哀感謝）。多奇妙組合的三個文字，感謝不是應該欣喜的嗎？我當時這樣想。

　　抬棺的工人們黑黑的脖子上繫了條毛巾，在南方多沙多塵的熱午下不時抓過側臉旁的毛巾擦臉。毛巾一角有黑有紅，黑是污髒，紅是嘴邊咬嚙的檳榔汁。

　　領著哀感謝，送行送到盡頭。

　　父歿後，我們在喪禮上成了主要的答禮家眷，在入口望著填紅本子名冊並領受哀感謝毛巾的人群。人群在光亮下都成了剪影，移動著黑影，經過入口，手裡都多了一個紙盒。

　　循傳統儀式，葬禮前夕家眷縫製著麻衣白布，散落在廊柱下的麻衣白布，像是時尚工業的後台，凌亂但有序，衣物傳達著等待被穿戴的姿態。

　　戴著傳統的白麻衣，我又瘦又小快要被那麻衣給遮沒了，三角形的尖紗罩披在頭頂，連番不斷地答禮，裡面的頭髮滲著淚水和汗水不清的濃稠濕氣。

　　行禮如儀地連番哀感謝後，我們前腳都還沒走出，工人已經迫不及待地拆著以鮮花裝置的「音容宛在」等牌樓，我一回頭工人正好拆到了「自此相逢在夢中」的夢字，由下往上拆，花瓣掉

了滿地。

　　從墓地歸來的那晚，我忘了是怎麼吃飯怎麼睡覺的。只是到了半夜，被一種如鬼魅的哭聲幽幽喚醒。後來貼壁傾聽，才聽出哭聲是從母親房間傳出的。我乾脆坐起，看著一球透明的月光掛在眼前，想著母親在房間裡，約是她那時才明顯感到那間雙人房裡自此真的只剩伊一人了，她遂哭了起來。按她的脾性之直與烈，是一哭不可收拾的。

　　不久，母親因過度憂鬱得了神經性疼痛。

　　那暗夜哭聲與因為如蛇爬竄的神經之痛所導致的午夜尖叫，足足有一年之久。

　　年輕時，你問我為何我的個性如此幽晦不明，密室重重時，我的畫面與感官總是會聯想到這一年的夜晚。

　　守寡的母親，自此夜晚有一條蛇咬嚙她的神經。從中年咬到入老年。從遽痛咬到她接受了人生與情愛過程這般的哀苦衰頹。

〈後記〉

札記生活
──我的胡言絮語

世間的昏巷如此折磨我的心智，別人的靈魂卻是難以傷我，但只惟恐是我自己的心殺了自己。天使在人間昏巷，孤苦是既無法回返天上，也對人間適應不良。

我的額頭開始發著亮光，這時我想我是開始穿出了黑暗隧道。
看著我家河水是生活的日日儀式，河水波紋的變化，幻影隨天上的光線、風中的雲倒映，直到無思緒無思考，最後沒有意識到自己時，我已成了眼前風景的一部分了，也可能是被天使接走了。於是我短暫去了一趟所謂的虛空，沒有時間空間的距離，只像是星光般的存在。
不知這是否是永恆意味的途徑？

街角上有個老婦人，賣著早年的華美家當，孤單裡有淡淡的自在與愁容交織。我頓時看見了自己的未來容顏，旋即警惕升起。

若沒有言語，能否什麼都明白？明白生滅將在無情風雨的夜裡告別，在光輝裡共舞，在隱含的憂傷中一切化成碎片。

總是漂流。但記得你說無論如何也要死在自己的信念上。什麼樣的信念足以讓人生讓人死？

我找個地方坐下來，看著流逝的人世風景，想弄懂你的信念。

我們大體都在眾人注視裡長大，衰蕪，荒朽，最後真正可以成為自己的部分是那麼地微少。

當夜裡無盡的哀傷流淌在身體空間的所有血液時，點上一盞燭火，身體映在屋內白牆，像是一束白光下待放映的膠卷，投射著靈魂的優雅狀態。我是唯一的觀者，獨自看著過去，一部顧影自憐的影片，一部孤芳自賞的影片。誰想孤芳自賞呢？你說連上帝也不想如此這樣孤單，祂造人造景就是祂也不想孤單的，不是嗎。

生比死艱辛，但這艱辛卻又是為了修得「好死」。當我寫作時，我動用了最大塊的靈性，在那裡看見人的處境與卑微和透徹。

男女戴了面具，把騷動不安的想像化為真實的發生，騷動不安的愛情發生如酒神般的搖搖晃晃。

當風從淡海吹上來時，我從模糊裡看見真實，引領你走進我的生活。片刻裡分享美的事物，雖然我們從來沒有屬於誰。即使嫉妒之火燒得人心面目全非，我還是這樣地想。

從來沒有人該屬於誰的。就像靈魂可以藉著軀體如小舟般地遊蕩著

屋前的河上月光，沉默如星辰，時間答答響，
但無人聽見，是以也不存。

你要我交出什麼東西給你呢？我的心已在遠
方，一顆上路的心還能給原地踏步的你什麼
呢？

路燈下，雨水如透明的絲線飄落在冷冷的柏油
路上，夜晚於是黑亮濡濕了起來。
寧在狂風冷雨的安靜裡難受著，也不打算將荒
澀的心交給城市的荒唐。
本質孤獨者從來都無法從一事一物一人裡得到
安慰，因為凝視孤獨的本身就已是安慰，就像
作家的回饋在寫作過程裡已經獲得了。
文學作家是站在邊界的人，一腳踩進黑暗深
淵，一腳跨在光亮淺灘。為此，誰也收買不了

我，除非我想被收買時。

神，恆常收買我聆聽的依從；一如畏因果輪迴，它們收買了我必要的良善歸順。

而我的文字，也許也可以收買一個傍徨者的靠近，溫暖的靠近，即使這溫暖被黑暗包圍。

既戀物又多方捨物，想在家辦二手市場，然後在身無長物、一貧如洗的房子裡躺下，聽幾張音樂，或者冥想，或者就只是躺著，看見自己縮小，空間卻不斷地壯大……，帶我雲遊四方，張狂舒狂，然後掩幕退席。

我們都知悉依賴事物愈少愈可能自由，撇開有質物體，即使連依賴他人的注目與瞭解或關懷，也都得放棄，在我於今的生活裡，更需要強而有力的自覺與沉默才能被萬物環繞而又不受制於萬物。

記得你曾說人需要的不是理解，而是擁抱。但我卻以為非理解的擁抱與靠攏會讓我一身起了痙攣。那種不曾企圖理解卻打算擁抱以獲得甜美安慰的妥協過程，有種自欺欺人。德希達說，任何的溝通妥協都是不潔。

不潔地交出自己。

愛情來了，又走了。
愛情本質如雲如風，這樣的多樣面貌成就了我的筆墨。

案上供佛的蘭花是日日靜止在枝頭的蝴蝶，黃白粉紅，香塵如風繞蝴蝶，菩薩日日楊枝淨水，為濟生死流、慈眼視眾生，看得我日日原有的兩道濃眉逕自漸淡。蝴蝶蘭墜枝，死亡的臉龐是瘀紫的。

許久沒畫圖，看來是因內在痛苦的湧動少了，又或者我更接近老成了，對於畫圖那於我原本接近孩童式的宣洩似乎索求漸退，內裡的獸已漸漸在蒼衰的心裡願意馴服。

十七年寒蟬近來從泥土裡甦醒，這於我是最驚人的示現，看見生命力在巨大沉默裡最後如泉湧般的嘶鳴交配，十七年如一瞬，剎那光燦如十倍的太陽亮度。
然等待是為了什麼？我還得再思索。若等待是醞釀，那等待也不是等待了。

日日用手表達對周遭的細節，醒來用手洗臉洗身，煮咖啡，寫作，畫圖，到了夜晚，有機會的話還可能用手溫柔撫觸情人，日月遍照，黑幕低垂，感謝一雙辛勞的手。

思念你如思念一朵潔白的花朵。但卻總是花朵香氣未聞就已先有一種刺痛感旋即讓心見紅，這是怎麼回事？難道我還沒釋懷和你的故往？還沒釋懷前，請不要輕易思念，我想情人我是需要的，但距離更適切且安全。不要讓思念氾濫在枯草連天的冬景裡，那思念還能開出什麼花呢？
又或者該拒絕思念的誘惑而繼續讓愛情冬眠。

夜裡隔著一片海洋，隔岸看著對岸的城市燈火，這時若有人不甚明瞭地跑來關切，一個眼神，一個手勢，一句字詞，可能都會讓我突然想要泫泣，因為感念。

現在如果沒有便利商店，那台北人會不會像恐龍般地被滅絕了？

螞蟻總是出現在我那已經多所荒蕪的廚房，仔細看是有些餅乾屑，螞蟻遊戀餅乾屑，於牠們那麼巨大如大地的餅乾屑，於是我像供養了整座莊園人丁的大地主般眼神投向為食忙的螞蟻兵團，廚房也不荒蕪無食了。

周遭的朋友都得了空間不安症，不安像病菌癢得人難受，在這裡也癢，到那裡也癢，既不在這裡，亦不在那裡，於是不安症頭老是跟著我這一群搞藝術的朋友。因為空間不安症，所以他們是既驕傲又常無端卑微起來。
哪裡都不是，卻又做不了天地一沙鷗。

隔桌少女翻閱著八卦新聞的悲慘照片，對面的你說那是你拍的，我說這樣處理照片讓整個島嶼的人是再大的悲慘都要無感了，再大的撞擊也都無所謂的不在乎樣態了。你說無奈啊，大家愛看嘛。大家是誰？我嚴厲地問。我就不是大家，新聞的良知也屬於無奈嗎？是對錢著迷的無奈吧。
你說你見我是來討罵的，我笑說不敢，但我只是疑惑，推給「大家都如此」是什麼沉淪的理由，真正的可鄙是把錯誤推卸給無知者。

你說你把的前妻像從一隻撿來的貓般地竟養成一頭會咬人的虎。

貓虎同科，我笑說。

愛情最後是要能完全可敬的接受，就接受她成為虎吧，因為你只能改變你自己。

雖然婚姻的穴坑裡經常空氣稀薄，但你能呼吸得過來也就能適應環境了。

寒冬太久，以致一絲冬陽薰來的慰藉都讓人的悲愁巨大晃動了起來。

雖然很快地灰暗的雨夜又全面降下，但我記得你，一抹冬陽。在面無表情的人群裡，我牢記了你的光影。

午夜的賣燈人，在躺椅上坐著看人車行經路口，發電機響著，我像是看見一個入定老僧人，心想他在思索什麼呢？

答案不在他，在我。

我的愛已經成了擋住你前進的日頭了，過於熾熱的愛如光劍讓人眼睛目盲。

當我們如此歌頌與讚美戀人的彼此擁有時，戀人的靈魂卻也開始纏繞不開，沒有獨立的靈魂，很快地靈魂便會忘了前進且被彼此遺棄於荒地。

為什麼魚不需被教導就能游泳，因為本性。人呢？最需被教導的動物，因為人無法輕易放鬆，總是不斷地想東想西，以假為真。

寫作就是進入另一個夢，另一個他者。醒來忘卻，卻又如影隨形。在漫漫長夜，廝守我一起在風雨交加的傍徨時刻，等待黎明的到來。就算愛不播種，就算痛楚傷心也還是執意前進。然後擲筆在日光裡睡去，醒來發現自己一如紀德所言的：「感謝的心使我每天都能再發現神。我一醒來，就為自己是活著而感到驚訝。」

被赦免的愁苦，都在文字裡尖叫吶喊。

時間匯聚成透明的膜，如月光發亮在湖泊的膜，將一個寫作者化成湖底的岩石，篩瀝的時光不再糾結，以凝鍊的沉思守候文字流出，這時我的人也風化了。就像畢卡索說的，他畫圖時從不感疲憊，因為他把身體放在畫室之外。

以前老是想如何才能不要這樣繼續過日子啊，老是懷疑這一切難道是為了愛嗎？那些在竹林裡和他如山鬼的日夜，像是中魔者狂舞，呢喃死亡之語。於今夢裡還老是冒著冷汗……就是有很多的愛也都是注入大荒的虛空，說來那種愛只是悽楚不捨的代替品。

痛苦於離異的畏悸，沉湎於戀人日夜複沓交纏的語絲，愛讓我著魔中蠱，熱病無藥解，合法的精神病患。

紀德喜歡突尼斯，我喜歡紀德，難以捉摸的他。他寫過沙漠，我行過沙漠。「到處有小蛇，綠野在風中波動，乾燥充滿亂石的沙漠，閃爍著雲母，飛過幾隻甲蟲，裡頭的蘆草是枯乾了，可說一切都在日光中爆裂。」

這沙漠情境聽來如入愛情核心，一切都在目光中爆裂。只差，沙漠是被日光風化，愛情是遭目光廢墟化。一個擅寫美食者，心裡約是

有一畝田；一個擅寫愛情者，心裡卻有一座廢墟。

「日」「目」，少一橫多一畫，中國字詞，但願出生巴黎的紀德懂得。

詩人常如處心靈戰爭狀態，唯美與現實的拉扯，於是詩人易自憐，命運是指揮官毫不留情，詩人有詩心免於被命運潰不成軍，攻下一座小城堡就夠詩人棲息了。詩人要的可不多，不過那城堡裡可得什麼都要有。

夏天的雷陣雨，把所有土地的氣息熾熱飆散而出，寂然裡凝聽著屋前河水暴漲，雨聲狂洩如急鼓。突然我懂得了紀德。又寂靜又爆裂。

從山色風景裡找安慰的人很多，但從性慾懷抱裡找安慰者更多，最後二者都會在荒原的落日盡頭相逢。

你醒來時，身體像燒過的荒原，焦燥如紅土，如在夢中長途跋涉了慾望的千山萬水。你的醒來儀式是菸，床頭點燃一根尼古丁如在佛壇點燃一根香，尼古丁是你晏起的荒漠甘霖。

這日菸盒乾癟，你敲打菸盒空空然。你顫抖的手不斷發出焦渴的爆裂姿態，我在你出口將要辱罵經典字詞的瞬間，緊急掏出早已備份妥當的救命尼古丁。

我只是想見到你的發抖。你的狂傲裡也有如此的卑微：就是給我一根菸。

瞬間我看到有癮頭者的身體不自由之悲苦。有癮者，有極樂，有極苦。如寫作之癮。

在畫裡端詳自己的身體，從臉到乳房再入密穴，如枯萎的向日葵，就是乾枯了，姿態依然完好。為創作而工作，愉悅甚是，自在甚好。

他們要我談創作的幽微，我卻說起了十字軍東征，影響了歐洲文明的關鍵時間。信誓旦旦的唇舌，犀利的瞳光，如千軍萬馬揚起的塵沙，那些塵沙就是創作的幽微。我看見許多年輕人在這樣的比擬裡昏昏欲睡。

原來他們不是要我談創作的幽微，而是要我說說自己寫作的笑話。

文學寫作者有什麼笑話？難以逾越的兩千本？

難以逾越的兩千本文學書印量，這絕對是島嶼笑話了。

「聽來最堂皇的字眼也正是最空洞的字眼。」紀德竟從墓穴地吐出語言，為島嶼氾濫的勵志書下註腳。

敬紀德。

智慧田 059

美麗的苦痛
鍾文音◎著
初版：2004 年〈民 93〉十月三十日

發行人：吳怡芬
行政院新聞局版台業字第 397 號
法律顧問：甘龍強律師
出版者：大田出版有限公司
台北市 106 羅斯福路二段 79 號 4 樓 409 室
E-mail：titan3@ms22.hinet.net
http://www.titan3.com.tw
編輯部專線：02-23696315 傳真：02-23691275

總編輯：莊培園
主編：蔡鳳儀
企劃統籌：胡弘一
美術設計：純美術設計
校對：陳佩伶 / 余素維 / 耿立予 / 鍾文音

印製：知文企業（股）公司〈04-23581803〉
總經銷：知己圖書股份有限公司
台中總公司：台中市 407 工業 30 路 1 號
電話：04-23595819 傳真：04-23595493
台北公司：台北市 106 羅斯福路二段 79 號 4 樓 409 室
電話：02-23672044/23672047 傳真：02-23635741

定價：新台幣 320 元
劃撥帳號：15060393
戶名：知己圖書股份有限公司

國家圖書館預行編目資料
ISBN 957-455-743-X　　CIP　191.9

閱讀是享樂的原貌，閱讀是隨時隨地可以展開的精神冒險。

因為你發現了這本書，所以你閱讀了。我們相信你，肯定有許多想法、感受！

※ 請沿虛線剪下，對摺裝訂寄回，謝謝！

讀 者 回 函

你可能是各種年齡、各種職業、各種學校、各種收入的代表，

這些社會身分雖然不重要，但是，我們希望在下一本書中也能找到你。

名字／＿＿＿＿＿＿＿性別／□女 □男　出生／＿＿ 年 ＿＿月 ＿＿日

教育程度／＿＿＿＿＿＿＿＿＿＿＿＿＿

職業：□ 學生　　　　□ 教師　　　　□ 內勤職員　　□ 家庭主婦
　　　□ SOHO族　　　□ 企業主管　　□ 服務業　　　□ 製造業
　　　□ 醫藥護理　　□ 軍警　　　　□ 資訊業　　　□ 銷售業務
　　　□ 其他 ＿＿＿＿＿＿＿＿＿

E-mail/ ＿＿＿＿＿＿＿＿＿＿＿＿＿＿＿＿＿＿ 電話/ ＿＿＿＿＿＿＿＿＿

聯絡地址： ＿＿＿＿＿＿＿＿＿＿＿＿＿＿＿＿＿＿＿＿＿＿＿＿＿＿＿＿

你如何發現這本書的？　　　　　　　　　　書名：美麗的苦痛

□書店閒逛時 ＿＿＿＿＿＿ 書店 □不小心翻到報紙廣告（哪一份報？）＿＿＿＿＿

□朋友的男朋友（女朋友）灑狗血推薦 □聽到DJ在介紹 ＿＿＿＿＿＿＿＿＿＿＿

□其他各種可能性，是編輯沒想到的 ＿＿＿＿＿＿＿＿＿＿＿＿＿＿＿

你或許常常愛上新的咖啡廣告、新的偶像明星、新的衣服、新的香水……

但是，你怎麼愛上一本新書的？

□我覺得還滿便宜的啦！ □我被內容感動 □我對本書作者的作品有蒐集癖

□我最喜歡有贈品的書 □老實講「貴出版社」的整體包裝還滿 High 的 □以上皆
非 □可能還有其他說法，請告訴我們你的說法

你一定有不同凡響的閱讀嗜好，請告訴我們：

□ 哲學　　　□ 心理學　　□ 宗教　　　□ 自然生態　□ 流行趨勢　□ 醫療保健
□ 財經企管　□ 史地　　　□ 傳記　　　□ 文學　　　□ 散文　　　□ 原住民
□ 小說　　　□ 親子叢書　□ 休閒旅遊□ 其他 ＿＿＿＿＿＿＿＿＿＿＿＿＿＿

一切的對談，都希望能夠彼此了解，否則溝通便無意義。

當然，如果你不把意見寄回來，我們也沒「轍」！

但是，都已經這樣掏心掏肺了，你還在猶豫什麼呢？

請說出對本書的其他意見：

大田出版有限公司編輯部 感謝您！

大田出版有限公司　編輯部收

地址：台北市106羅斯福路二段79號4樓之9

電話：（02）23696315-6　傳真：（02）23691275

E-mail：titan3@ms22.hinet.net

地址：
....

姓名：
....

TITAN
大田出版

智　慧　與　美　麗　的　許　諾　之　地